国家技能型紧缺人才培养培训工程

中等职业教育物流服务与管理专业规划教材

外贸仓储作业

主　编　吴科杰　胡旭东
参　编　李　楠　张　艳

机械工业出版社

本书以项目教学的形式实现理论教学与实际操作的结合，通过任务驱动，使学生能够更快更好地熟练掌握外贸仓储作业流程及其操作技能，针对每个项目设置了相应的教学任务。每个教学任务都由任务目标、任务描述、任务实施、任务评价、知识拓展和任务巩固六个部分组成，围绕工作任务设计出学习环境及其活动、技术和方法，有针对性地让学生了解到自己所从事的工作环节在整个仓储工作过程中的作用，并能够在一个整体性的工作情景中认识到自己的工作价值，努力激发学生的学习兴趣与积极性。

通过本书的学习，能熟悉外贸仓储作业、外贸仓储设施设备操作、外贸仓储出入库及在库保管等业务流程，基本掌握外贸仓储设备的操作技能，能熟练地运用仓储设备进行货物出入库及盘点作业，并能使用仓储管理软件来完成外贸仓储作业流程中的信息处理作业。

本书可作为中等职业学校物流服务与管理专业的教学用书，也可供物流企业的员工培训和自学使用。

图书在版编目（CIP）数据

外贸仓储作业/吴科杰，胡旭东主编. —北京：机械工业出版社，2014.6 （2016. 7重印）
国家技能型紧缺人才培养培训工程. 中等职业教育物流服务与管理专业规划教材
ISBN 978-7-111-46584-3

Ⅰ. ①外… Ⅱ. ①吴… ②胡… Ⅲ. ①对外贸易—物资管理—仓库管理—中等专业学校—教材 Ⅳ. ①F253.4

中国版本图书馆 CIP 数据核字（2014）第 087683 号

机械工业出版社（北京市百万庄大街 22 号　邮政编码 100037）
策划编辑：宋　华　　责任编辑：李　兴
责任校对：张燕萍　　封面设计：马精明
责任印制：李　洋
北京市四季青双青印刷厂印刷
2016 年 7 月第 1 版第 2 次印刷
184mm × 260mm · 9.25 印张 · 212 千字
1 001 — 2 000 册
标准书号：ISBN 978-7-111-46584-3
定价：25.00 元

前　言

国务院出台十大产业振兴规划之一的《物流业调整和振兴规划》，国家十二五规划中明确将全面促进现代物流发展和产业升级，这加速了我国沿海的港口物流企业从传统物流向现代物流转型和服务品种从单一的堆场、运输向货代、配送、仓储及国际海运延伸。沿海重要的港口地理位置及飞速发展的经济环境决定了港口物流企业有着自己的特色。同时，物流企业的急剧增加导致了对物流技能型人才的巨大需求，因此急需一本培养适合外贸仓储企业特点与发展趋势的技能型人才，具有鲜明外贸特色的仓储作业教材。

本书以外贸仓储企业的实际作业流程为基础，项目教学围绕工作任务设计出相应的学习环境及其活动、技术和方法，以典型的职业工作任务为依托建构学习内容，有效地解决了传统教学中理论与实践相脱离、远离工作实际的问题。通过项目或工作任务将理论教学内容与实践教学内容紧密地结合在一起。典型工作任务让学生能够零距离地接触外贸仓储从业的内容，针对性强，而且学生可以直接地了解到自己所从事的工作在整个工作过程中所起到的作用，并能够在一个整体性的工作情景中认识到自己的工作价值，努力激发学生的学习兴趣与积极性。

本书是物流专业校企合作开发的项目之一，在教材编写前开展了大量的企业调研活动，企业的技术骨干参与了整个编写过程，尤其是在各个项目的任务操作中总结了很多一线工作人员的工作技巧，帮助学生在学习本书后能更快地融入企业的综合实习阶段，受到企业的欢迎。

本书由吴科杰、胡旭东任主编，李楠、张艳参编。具体编写分工如下：项目一由吴科杰、张艳编写；项目二、项目四由吴科杰编写；项目三由张艳、胡旭东编写；项目五由李楠编写；吴科杰、胡旭东共同编写各任务中的知识拓展内容并负责全书统稿。

在本书的编写过程中，参考和引用了不少专家学者的研究成果与资料，在此一并表示衷心的感谢。

为方便教师教学和学生自主学习，本书还提供网络学习资源，读者可以登录机械工业出版社教材服务网（http: //www.cmpedu.com）免费下载助教课件，参考答案等。欢迎广大教师加入中职物流专业交流群（QQ 群号：93138600），分享教学资源和交流教学经验。

由于编者水平有限，书中难免会存在错误和不足之处，敬请广大读者批评指正。

编　者

目　录

项目一　走进外贸仓储作业

Project 1

任务一　绘制库区规划流程图

任务目标

1. 掌握仓库库区规划设计的步骤。
2. 能根据实际作业要求，绘制不同的仓库库区规划流程图。
3. 培养学生全面、细致地考虑物流作业中各环节的能力，能认真倾听他人意见。

任务描述

仓库库区规划设计是一项复杂的工作，不仅影响整个物流中心的作业效率，还将对生产运作成本、资金占用等多方面产生作用，直接关系到物流中心的利益。库区规划设计包括仓库作业区域平面设计、动线设计等内容。

宁波天龙物流有限公司根据生产发展的要求，欲新建一个 5 000m^2 的六号仓库，现要求工作人员小张设计仓库库区规划的步骤，以便能合理、科学地完成仓库的平面布局。

任务实施

一、任务准备

1．岗前准备

（1）熟悉仓库各种建设规划信息。

（2）工具：尺、笔、草稿纸、扫描枪。

2．工作人员职责

（1）设计人员应全面分析各种基础资料信息，仔细倾听各岗位工作人员对布局的要求。

（2）仓库布局坚持成本管理，以服务客户为中心，能较为全面地考虑仓库未来发展的需求。

（3）积极落实安全所需的场地、设备等。

二、任务过程

天龙物流仓库工作人员小张根据对现有资料的分析，确定如下仓库库区规划步骤，如图 1-1 所示。

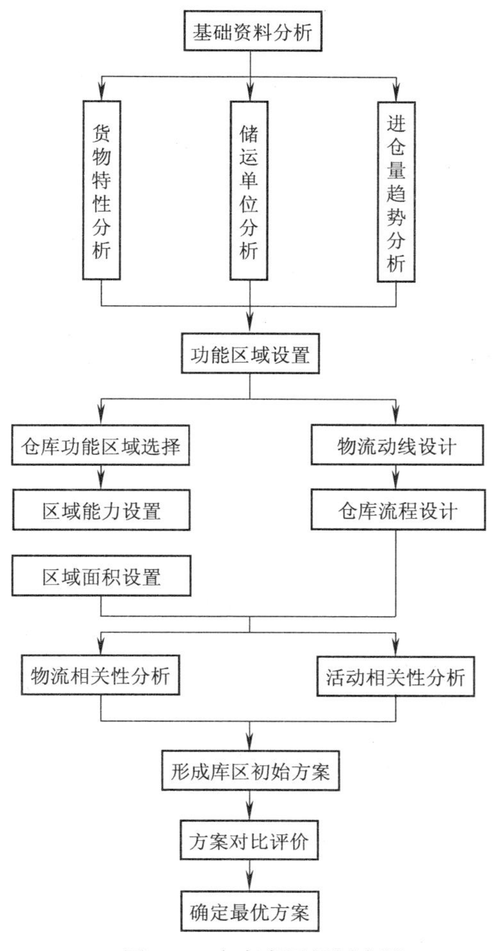

图 1-1　仓库库区规划步骤

1. 基础资料分析

仓库布局规划就是仓库在供应链中的位置和物流网络中的地位确定后，根据仓库建成后的主要货物货种和货物的存货量以及预测的各种货物的进出仓量变动、周转率等条件，通过对基础资料的分析，确定仓库的类型和仓库的面积、仓库内所需的作业区以及各作业区的面积和作业区在仓库内的布置，在此基础上再确定仓库运作所需的人员和设备。

2. 仓库功能区域选择

仓库作业功能区域规划主要确定仓库建成以后所需要具备的物流功能区域，是仓库布局规划的基础。功能区域规划就是根据货物的种类、货物作业需求以及仓库的特殊要求，确定仓库建成后需要包含的物流功能以及相应的功能区域。一般来说，仓库通常包含以下功能区域：装卸货平台、进货暂存区、理货区、库存区、拣货区、补货区、分类区、集货区、流通加工区、出货暂存区、退货处理区、辅助作业区等。

3. 仓库作业区域能力设置

在确定作业区之后，根据其功能的设置进行作业能力的规划。作业区能力的规划主要包含以下三方面的内容：

（1）仓储区储运能力的规划方法主要有周转率估计法和商品送货频率估计法两类。

（2）拣货区的储运能力规划。

（3）能力平衡分析。仓库的进出货暂存区、理货区、储存区等各功能区域的作业能力要互相配套、协调，如果某个功能区域过大或过小则会直接影响到整个仓库的作业能力。

4．仓库作业功能区域面积设置

功能区域面积规划主要研究在确定仓库所需的功能区域后，结合作业量，计算各个功能区所需的面积。对新建的仓库来说，通常需要概算建成后的物流量的要求，通过物流量来预测所需的功能区面积。通常有以下一些指标：

（1）储存保管作业区——单位面积作业量：0.7～0.9t/m^2。

（2）收验货作业区——单位面积作业量：0.2～0.3t/m^2。

（3）拣选作业区——单位面积作业量：0.2～0.3t/m^2。

（4）配送集货作业区——单位面积作业量：0.2～0.3t/m^2。

（5）辅助生产区域的面积是仓库面积的 5%～8%。

通过以上的指标就可以概算仓库各功能区的面积以及总面积。

5．物流动线、仓库物流作业流程设计

仓库内的作业流程主要包含以下 6 项内容：客户及订单管理、入库作业、理货作业、装卸搬运作业、流通加工作业、出库作业。典型物流作业流程，如图 1-2 所示。

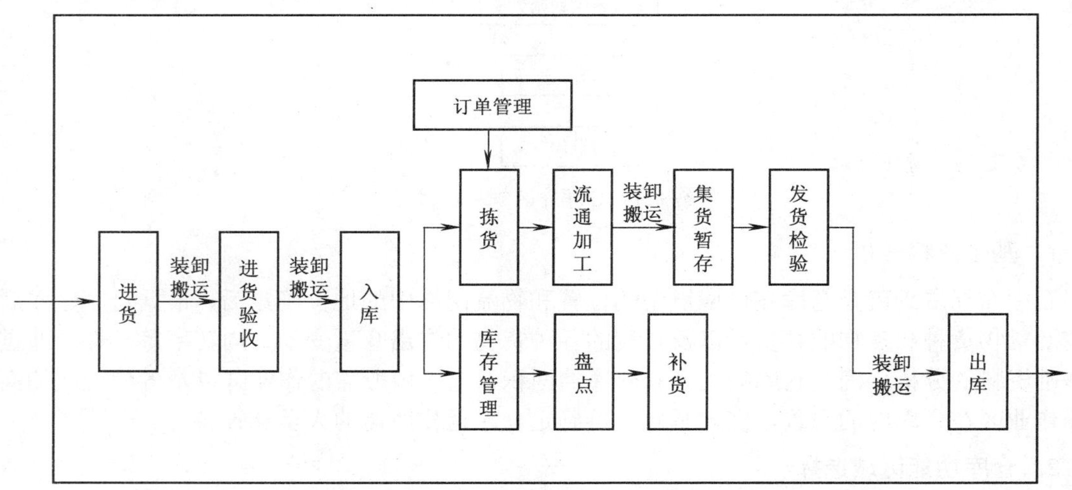

图 1-2　典型物流作业流程

物流动线的选择与物流作业流程密切相关，它决定了物流作业在仓库内的连接方式和各种作业之间的位置关系，通常包括以下 4 种物流动线形式：

（1）I 形：直线形，出/入口在仓库的相对面，无论订单大小与拣货品项多少，均要通过仓库全程，适合于作业流程简单、规模较小的物流作业。

（2）U 形：出/入口在仓库的同侧，可根据进出货频率大小，将物流量大的物品安排在靠近进出口端的储区，缩短这些物品的拣货搬运路线。

（3）L 形：需要处理快速货物的仓库通常采用 L 形动线。L 形动线把货物出入仓库的途径缩至最短，可以应对进出货高峰同时发生的情况，既适合进行越库作业，又可同时处理“快流”及“慢流”的货物。

（4）S 形：锯齿形，出/入口在仓库的不同侧面，路线呈锯齿状，通常适应于多排并列的库存货架区内。

6．形成仓库库区布局方案

在完成上述步骤后，通过相关的物流活动作业，对相关模块进行有效性的检测，检测是否存在不适合仓库作业的环节，有不合理的及时加以改正，如果没有问题则形成初始方案，进行方案的对比评价，形成最终的仓库库区布局方案。

任务评价

为帮助学生快速地掌握仓库库区规划，我们将进行分组的团队大比拼训练，步骤如下：

第一步：五人一组自由组合，选出组长。

第二步：在组长组织下进行团队分工，做好大比拼准备。

第三步：根据教师给出的当地超市配送中心仓库基本资料，合作完成该仓库库区规划的步骤。

第四步：各组按要求完成规划的步骤，并完成下表中自我评价的填写，然后由教师对各组评价。

第五步：公布优胜团队，教师点评各组优缺点。

被考评人		考评地点		
考评内容				
考评标准	分值/分	自我评价/分	教师评价/分	实际得分/分
1．掌握仓库库区规划设计的步骤	20			
2．能根据实际作业要求，绘制不同的仓库库区规划流程图	60			
3．小组合作、分工情况	20			
合　计	100			

注：实际得分=教师评价×60%+自我评价×40%。

知识拓展

一、仓库货区布置的基本思路

（1）根据货物特性分区、分类储存，将特性相近的货物集中存放。

（2）将单位体积大、质量大的货物存放在货架底层，并且靠近出库区和通道。

（3）将周转率高的货物存放在进出库装卸搬运最便捷的位置。

（4）将同一供应商或者同一客户的货物集中存放，以便于进行分拣配货作业。当仓库作业过程中出现某种货物物流量大、搬运距离远的情况，则说明仓库的货位布局存在问题。

二、货区布置形式

货区布置既要能够提高仓库平面和空间利用率，又要能够提高货物保管质量，方便进出库作业，从而降低货物的仓储处置成本。

1. 仓库货区布置

平面布置是指对货区内的货垛、通道、垛间（架间）距、收发货区等进行合理的规划，并正确处理它们的相对位置。其主要依据是库存各类货物在仓库中的作业成本，按成本高低分为A、B、C类。A类货物作业量大约应占据作业最有利的货位，B类次之，C类再次之。

平面布置的形式有垂直式布置和倾斜式布置两种。

（1）垂直式布置是指货垛或货架的排列与仓库的侧墙互相垂直或平行的方式，具体包括横列式布局、纵列式布局和纵横式布局。

1）横列式布局（见图1-3）是指货垛或货架的长度方向与仓库的侧墙互相垂直。其主要优点有主通道长且宽，副通道短，整齐美观，便于存取盘点，如果用于库房布局，还有利于通风和采光。

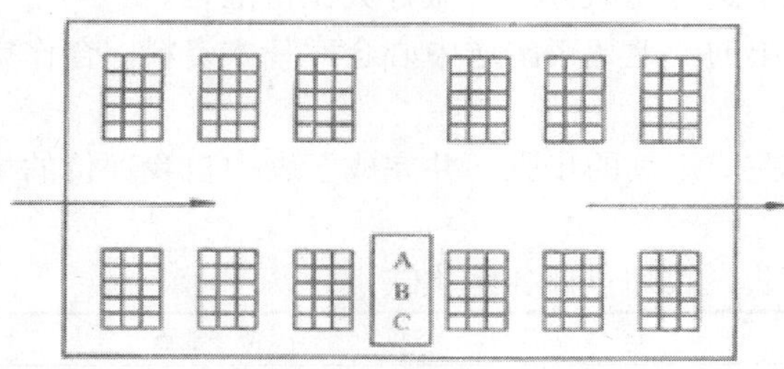

图1-3　横列式布局

2）纵列式布局（见图1-4）是指货垛或货架的长度方向于仓库侧墙平行。其主要优点有可以根据库存货物在库时间的不同和进出频繁程度安排货位；在库时间短、进出库频繁的货物放置在主通道两侧；在库时间长、进出库不频繁的货物放置在里侧。

3）纵横式布局（见图1-5）是指在同一保管场所内，横列式布局和纵列式布局兼而有之，可以综合利用前两种布局的优点。

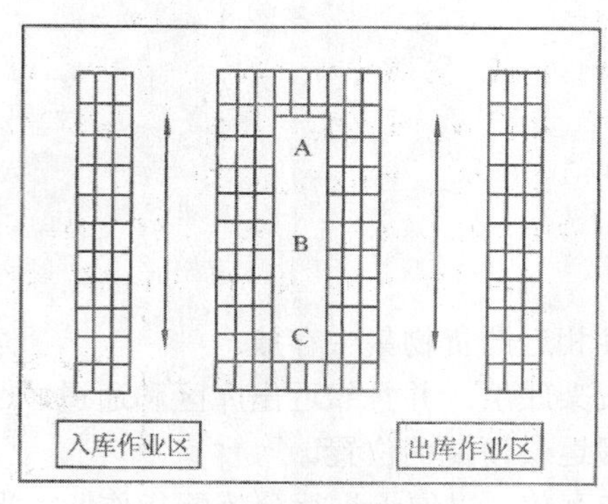

图1-4　纵列式布局

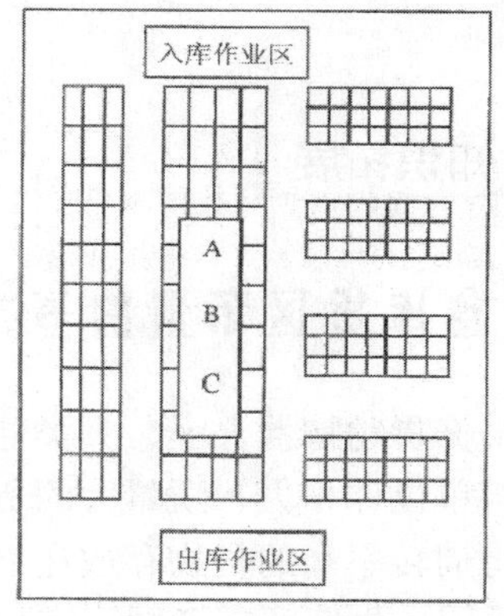

图1-5　纵横式布局

（2）倾斜式布置是指货垛或货架与仓库侧墙或主通道成60°、45°或30°夹角，具体包括货垛（架）倾斜式布局和通道倾斜式布局。

1）货垛（架）倾斜式布局（见图1-6）是横列式布局的变形，是为了便于叉车作业、缩小的回转角度、提高作业效率而采用的布局方式。

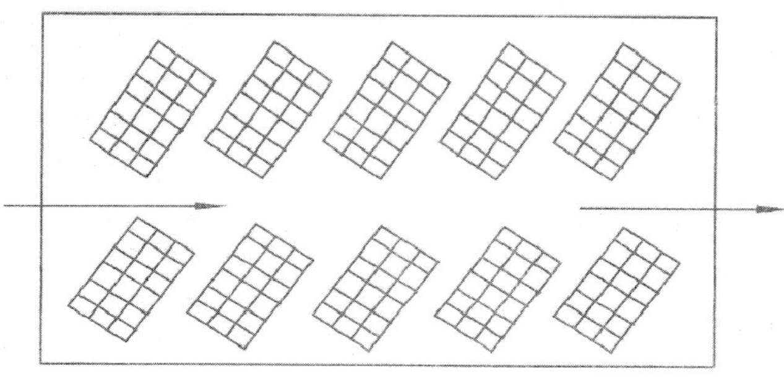

图1-6　货垛（架）倾斜式布局

2）通道倾斜式布局（见图1-7）是指仓库的通道斜穿保管区，把仓库划分为具有不同作业特点的区域，如大量储存和少量储存的保管区等，以便进行综合利用。在这种布局形式下，仓库内形式复杂，货位和进出库路径较多。

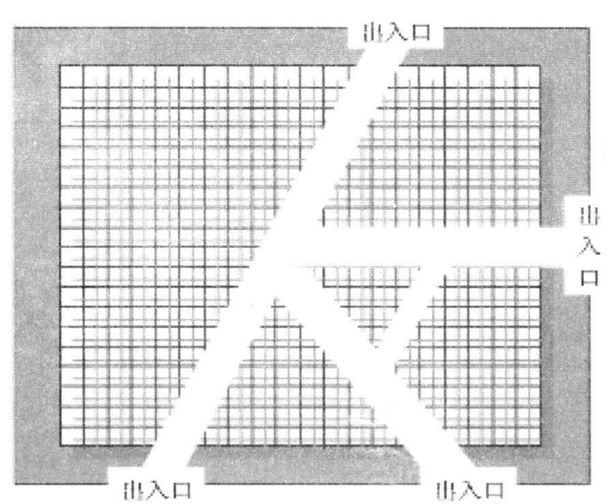

图1-7　通道倾斜式布局

2．库存非保管场所的布置

进行货区布置规划时，应尽量扩大保管面积，缩小非保管面积。非保管面积包括通道、墙间距、收发货区、库内办公地点等。

（1）通道：库房内的通道，分为运输通道（主通道）、作业通道（副通道）和检查通道。

1）运输通道供装卸设备在库内行走，其宽度主要取决于装卸搬运设备的外形尺寸和单元装卸的大小。运输通道的宽度一般为1.5～3m。如果库内安装有桥式起重机，运输通道的宽度可为1.5m，甚至可以更窄些。如果使用叉车作业，其通道宽度可通过计算求得。当单元

装载的宽度不太大时，其计算公式为

$$A=P+D+L+C$$

式中　A——通道宽度；

P——叉车外侧转向半径；

D——货物长度；

L——货物长度；

C——转向轮滑行的操作余量。

如图 1-8 所示，W 为货物宽度，B 为叉车总宽度的一半加内侧转向半径，P 为叉车内侧转弯半径。上式适用于 W<2B 的场合。

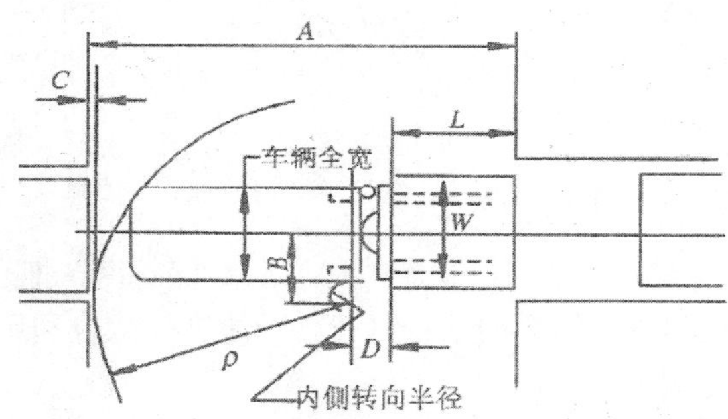

图 1-8　使用叉车装卸的一般货物通道宽度

2）作业通道是供人员存取搬运货物的行走通道。其宽度取决于作业方式和货物的大小。当通道内只有一人作业时，其宽度的计算方式为

$$a=b+1+2c$$

式中　a——作业通道的宽度；

b——作业人员身体的厚度；

l——货物的最大长度；

c——作业人员活动的余量。

如果使用手动叉车进入作业通道作业，则通道宽度应视手动叉车的宽度和作业特点而定。一般情况下，作业通道的宽度为 1m 左右。

3）检查通道是供仓库管理人员检查库存货物的数量及质量而行走的通道，其宽度只要能使检查人员自由通过即可，一般为 0.5m 左右。

（2）墙间距：一方面是使货垛和货架与库墙保持一定的距离，避免货物受潮，同时也可作为检查通道或作业通道。墙间距一般宽度为 0.5m 左右，当兼做作业通道时，其宽度需增加一倍。墙间距兼做作业通道是比较有利的，它可以使库内通道形成网络，方便作业。

（3）收发货区：收发货区是指供收货、发货时临时存放货物的作业场地，可分为收货区和发货区，也可以规定一个收货、发货共用的区域。

收发货区的位置应靠近库门和运输通道，可设在库房的两端或适中的位置，并要考虑收货、发货互不干扰。对靠近专用线的仓库，收货区应设在专用线的一侧，发货区应设在靠近公路的一侧。如果专用线进入库房，收货区应在专用线的两侧。

（4）库内办公地点：仓库管理人员需要一定的办公地点，可设在库内，也可设在库外。最好在库外另建办公室，使仓库存放更多的货物。

三、仓库货区规划应注意的问题

（1）仓库要与经营现场靠近，通道顺畅。

（2）每个仓库有相应的进仓门和出仓门，并有明确的标牌。

（3）仓库办公室尽可能设置在仓区附近，并有仓名标牌。

（4）测定安全存量、理想最低存量或定额存量，并有标示牌。

（5）按存储容器的规格、楼面载重承受能力和叠放的限制高度将库区分为若干仓位，并用油漆或美纹胶在地面标明仓位名、通道和通道走向。

（6）库区内要留有必要的残次品存放区、物料暂存区、待验区、发货区等。

（7）库区设计必须将安全因素考虑在内，须明确规定消防器材所在位置，消防通道和消防门的位置及救生措施等。

（8）每个仓库的进门处须张贴仓库平面图，表明该仓库所在的地理位置、周边环境、仓区仓位、仓门、各类通道、窗和电梯等。

任务巩固

1. 仓库平面布局规划中，最主要的步骤有哪些？
2. 仓库布局应遵循哪些原则？

任务二　理货员的准备工作

任务目标

1. 了解理货的基本特点。
2. 熟悉理货员理货前的业务流程。
3. 能识别货物包装上的各种标志。
4. 培养学生细致、严谨的工作作风，并能够主动、灵活地考虑物流作业中的问题，及时总结工作经验。

任务描述

做好理货前准备工作是成功理货的前提。理货员在对货物理货之前，应事先了解货物的品名、数量以及客户的储存要求，还应该知晓本仓库的仓位及大小。

理货员小王接到通知，今天下午有一批特殊的货物要进入天龙物流二号仓库，要求其做好充分的岗前准备，以便能以最快速、最准确的速度完成卸货并保证货物安全无损。

任务实施

一、任务准备

1. 岗前准备

（1）服装：鞋、反光背心、安全帽。

（2）工具：尺、板夹、笔、唛头笔、小票（日期及姓名可提前先写好）、订书机及订书钉、草稿纸、扫描枪。

（3）将小票和草稿纸夹在板夹上，理货用尺挂在左手的小指上，笔、唛头笔、订书机及订书钉、草稿纸、扫描枪等均需放入理货员专用包内。

（4）理货员站在指定仓库门口的右手边。

（5）接单礼貌用语：当有送货的车子开进时，理货员要主动接近送货驾驶员，微笑与驾驶员主动问好（“师傅您好，请出示您的进仓单”），双手主动去接驾驶员的进仓通知单和入库凭证。

（6）指挥驾驶员倒车，将车辆停靠在合适的区域。

2. 理货员职责

（1）有对货物进行验收和为顾客提供退货服务的工作职责。

（2）有对货物进行分类，并按货物陈列方法和原则进行盘点（包括补货）的工作职责。

（3）有对顾客的咨询提供服务的工作职责。

（4）有对仓库内卫生进行保洁及货物防损管理的工作职责。废弃纸箱要及时处理，严禁放入过道；保管好本部门的工作用具、清洁用具，放于指定位置，扫描枪必须妥善保管，严禁放于顾客随手能拿到的地方。

二、任务过程

1. 核对入库信息

仓库号，车牌号，进仓编号。

2. 找仓位

（1）同票货物要相连，不间隔。

（2）重货在下，轻货在上。

（3）提前掌握仓位的空区，尽量节省时间。

（4）一车多票情况，位置要分开码放。

（5）特殊货物的存放。

1）托盘：主要是根据重量存放，有些仓库存放在货架的第一层，有些仓库则放在指定的托盘存放区。

2）贵重货物：根据品名确认，一般品名为铜制品、阀门，通常还有液晶电视、液晶显示器、计算机主机板、计算机主机等。

天龙物流公司要求对于此类贵重的货物，应放在仓库办公区域视线范围内，如果数量较多时，也可以选择放在仓库摄像头能清晰监控到的范围内。

3）超大规格（超长大于 200cm，超宽大于 150cm，超高大于 180cm）：此类货物的存放主要考虑便于存放，一般放于卸货区、备货区或放在门的两侧。

4）保税货物：按照公司要求，一定要放在指定的库区内。

5）易碎品：从品名上识别，通常品名为灯具、酒类、罐头、陶瓷制品、卫浴、家具、木雕、玻璃制品等，或者个别货物要从货物运输标志上识别。此类货物的存放位置一定考虑稳固，不易放于过高的位置，码放的层数不要过多。

6）超重货物：单票超过 2.5t 的都为超重货物，放于各仓库指定位置。

7）单件货物的处理，包括机械、小件货等，须将进仓编号写在箱子外包装上面（除马士基货物外），存放在各仓库规定的特殊区域。

3．货物的码放

（1）原则：稳固，最优化利用空间，易于清点，整齐美观。

（2）货物须轻拿轻放；货物摆放不得超过托板的宽度（不超 3cm），货物每板高度不超过货架的高度（如龙星货架高 160cm，迅诚货架高 130cm，迅达货架高 140cm，长均为 270cm，宽均为 100cm）。

（3）码放时要注意采用“十字交叉”法来提高货物的稳固性。对货物比较零散的货物要加绕薄膜固定。

（4）按层码放，货物规格在三种以下时，同样规格的货物码放在一起，不可混放。

（5）按包装的储运标志码放，如图 1-9 所示。

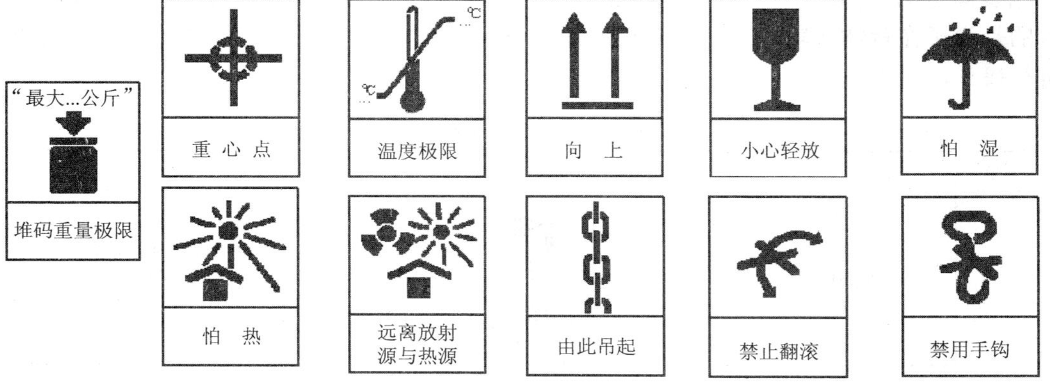

图 1-9　储运标志

（6）重量不超过规定的载重量（0.8t/板）。

（7）了解和识别每层货物不同件数的码放方法。

任务评价

为帮助学生快速地做好理货前准备工作，我们将进行分组的团队大比拼训练，步骤如下：

第一步：五人一组自由组合，选出组长。

第二步：在组长组织下进行团队分工，做好大比拼准备。

第三步：由各组派代表陈述理货前的流程。

第四步：根据教师给出不同的储运标志，由各组抢答。

第五步：各组按要求完成下表中自我评价的填写，然后由教师对各组评价。

第六步：公布优胜团队。

被考评人		考评地点		
考评内容				
考评标准	分值/分	自我评价/分	教师评价/分	实际得分/分
1. 准确陈述理货员理货前的业务流程	50			
2. 准确抢答储运标志，每个计 2 分	30			
3. 小组合作与分工情况	20			
合　计	100			

注：实际得分=教师评价×60%+自我评价×40%。

知识拓展

一、包装储运图示标志

包装储运图示标志是根据产品的某些特性（如怕湿、怕震、怕热、怕冻等）而确定的。其目的是为了在货物运输、装卸和储存过程中引起作业人员的注意，使他们按图示标志的要求进行操作，见表 1-1。

表 1-1　包装储运图示标志

序　号	标志名称	标志图形	含　义
1	小心轻放	（白纸印黑色）	用于货物的外包装上。表示包装内货物易碎，不能承受冲击和震动，也不能承受较大的压力，如灯泡、电表、钟、电视机、瓷器、玻璃器皿等，要求搬运装卸时必须小心轻放
2	向上	（白纸印黑色）	用于货物外包装上。表示包装内货物不得倾倒、倒置。例如，墨水、洗涤剂、电冰箱等产品在倾倒的情况下会受损以致影响使用，要求在搬运和放置货物时注意其向上的方向

（续）

序　号	标志名称	标志图形	含　义
3	由此吊起	（白纸印黑色）	用于货物外包装上。表示吊运货物时挂链条或绳索的位置。可在图形符号近处找到方便起吊的起吊钩、孔、槽等。避免在装卸中发生破箱等损坏现象，也有利于提高装卸效率
4	重心点	（白纸印黑色）	用于货物重心所在平面及货物外包装上，指示货物重心所在处。在移动、拖运、起吊、堆垛等操作时，避免发生倒箱等损坏现象
5	重心偏斜	（白纸印黑色）	用于货物重心所在平面及货物外包装上，表示货物重心向右偏离货物的几何中心，货物容易倾倒或翻转。如符号变为其镜像，则表明重心容易向左偏移
6	易于翻倒	（白纸印黑色）	用于提示货物易于倾倒，在搬运放置时要注意安全
7	怕湿	（白纸印黑色）	用于怕湿的货物。表示包装件在运输过程中要注意防雨淋或直接洒水，在储存中要避免存放在阴暗潮湿或低洼处
8	怕热	（白纸印黑色）	表示包装内的货物怕热，不能曝晒，不可置于高温热源附近
9	怕冷	（白纸印黑色）	用于货物外包装上。表示包装内货物怕冷，不能受冷、受冻
10	堆码极限	“最大…千克” （白纸印黑色）	用于货物外包装上。表示货物允许最大堆垛的重量，按需要在符号上添加数值
11	温度极限	℃… ℃… （白纸印黑色）	表示货物需要控制温度的范围。要求货物在一定的温度环境下存放，不得超过规定的温度。符号上最低和最高温度可按货物的需求填写

（续）

序　　号	标 志 名 称	标 志 图 形	含　　义
12	由此撕开	（白纸印黑色）	表示包装的撕开部位。符号的三个箭头指向表示撕开的方向。一般用于软封装、纸盒或纸箱等外包装上
13	由此开启	（白纸印黑色）	表示包装箱开启位置。一般用于较硬的、需用工具开启的外包装箱上
14	禁止翻滚	（白纸印黑色）	表示搬运货物时不得滚动，只能作直线移动，如平移、上升、放下等
15	禁用手钩	（白纸印黑色）	用于货物外包装上。表示不得使用手钩直接钩住货物或其包装进行搬运，例如纸箱、麻袋等包装件，保护包装本身不受损坏，也能保证商品不受损失

包装储运图示标志尺寸按标准规定一般分为三种，见表 1-2。包装体积特大或特小的货物，其标志幅面不受此尺寸限制。

表 1-2　包装储运图示标志尺寸

号　别	尺　　寸	
	长/mm	宽/mm
1	105	74
2	148	105
3	210	148

包装储运标志图形应按规定的颜色印刷。如因货物包装关系不宜按规定的颜色涂打时，可根据各种包装物的底色，选配与其底色不同的符合明显要求的其他颜色涂打的标志。印刷时外框线及标志名称都要印上，涂打时外框线及标志名称可以省略。印刷标志用纸应采用厚度适当、有韧性的纸张印刷。

使用包装储用图示标志时，对箱状包装，粘贴的标志应位于包装两端或两侧的明显处；对袋、捆包装，粘贴的标志应位于包装明显的一面；对桶形包装，粘贴的标志应位于桶盖或桶身。采用涂打标志的，可用油漆、油墨或墨汁，以镂模、印模等方式按上述粘贴标志的位置涂打或者书写。采用钉附标志的，应用涂打有标志的金属板或木板，钉在包装的两端或两侧的明显处。采用“由此起吊”和“重心点”两种标志的，要求粘贴、涂打或钉附在货物包装的实际位置。

标志的文字书写应与底边平行。粘贴的标志应确保在货物储运期间不脱落。

二、危险品标志

1. 爆炸品标志

爆炸品标志如图 1-10 所示：

1：有整体爆炸危险的物质和货物。

1.4：不呈现重大危险的物质和货物。

1.5：有整体爆炸危险的非常不敏感物质。

勿高热、勿摩擦、勿冲击、勿与其他物质接触。

图 1-10　爆炸品标志

2. 易燃液（固）体标志

易燃液（固）体是指苯、乙醛等一些易挥发与空气形成爆炸品的物质，如图 1-11 所示。

这些物质燃点低，即使不与明火接触，在受热、冲击或摩擦以及与氧化剂接触时，也能引起急剧的、连续性的燃烧或爆炸。

图 1-11　易燃液（固）体标志

3. 遇湿危险品标志

磷化钙、金属钾、金属钠、电石等遇水受潮会发生分解，产生可燃或有毒气体，放出热量，引起燃烧或爆炸，如图 1-12 所示。

图 1-12　遇湿危险品标志

4. 有毒标志

第一种是指内有有毒气体，易引起爆炸和中毒，如图 1-13 所示。

第二种是指具有较强毒性，极少量接触皮肤或进入人体、畜体内，即能引起中毒、死亡，如图 1-14 所示。

第三种剧毒品比有毒品效果更强，如氰化物、砷化物、化学农药等，如图 1-15 所示。

图 1-13　有毒气体标志　　图 1-14　有毒品标志　　图 1-15　剧毒品标志

5．放射性货物标志

此标志表示内容物能自发地、不断地放出人眼看不见的射线，如图 1-16 所示。

6．腐蚀性货物标志

此标志表示内容物有较强的腐蚀性，接触后可引起腐蚀破坏甚至引起燃烧、爆炸，如图 1-17 所示。

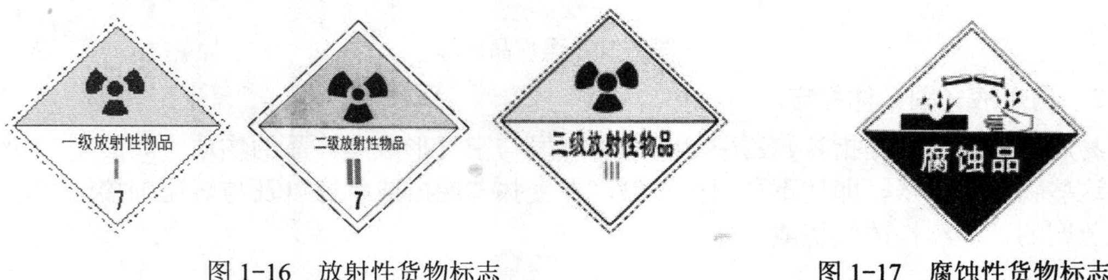

图 1-16　放射性货物标志　　图 1-17　腐蚀性货物标志

三、理货人员的五大素质要求

（1）勤快。偷懒的人不可以做理货管理，否则是要出问题的。管理仓库要时常巡查，看一看哪里脏了没有，东西是否摆放整齐，放置区域是否方便合理等。

（2）细心。仓库还有一项工作是记账。这就需要非常细心。粗心大意的人管理仓库是一件风险很大的事。他会把库存数据搞得错误百出。

（3）服务。服务精神是理货人员必备的素质。

（4）好学。要多学习理货知识，多去吸取别人的成功经验，才能有所进步。

（5）合作。善于与别人合作也是仓库人员的素质之一。仓库理货人员秉承严谨务实的工作态度，也要注意跟别人及时沟通。

任务巩固

管理员小张以前管仓库理货的时候，如果发现积压货物超过了两三个月或者临近保质期的时候，在报表上就用红的颜色显示出来。

领导一看怎么全是红的？于是就会召集有关人员，把货物处理掉。为什么用红字登账？

任务三　托盘装盘码放作业

任务目标

1. 了解码放员的工作职责。
2. 掌握码放的基本原则。
3. 灵活运用常用的装盘码垛方式。
4. 促使学生在作业过程中产生了解新知识、发现新问题的好奇心，并能够自主探究解决问题的方法，培养学生能以主人翁的态度爱护所码放的货物。

任务描述

托盘装运和保管货物在运输、搬运、移库等操作过程中是否稳定，取决于装盘码垛的方式。合理的码垛既能保证货物的完好，又能提高仓容的利用率，方便装卸操作。

宁波天龙物流二号仓库即将到达一批多种类型的货物，需要装在托盘上储存于仓库货架上保管。请按照公司及客户要求，根据该批货物的类型分别采用重叠式码垛、正反交错式码垛、纵横交错式码垛和旋转式码垛 4 种方式，并将这批货物装在 1 000mm×1 200mm 平托盘上，要求垛基要稳，垛形要美观。

任务实施

一、任务准备

在实训工厂放置四个托盘，每个托盘旁边放置足够的纸箱，如图 1-18 所示。

图 1-18　码放场地

1．岗前准备

（1）4 个 1 000mm×1 200mm 平托盘。

（2）充定的纸箱。

（3）秒表。

（4）准备数份堆码操作表，供学生学习。

2．码放员职责

（1）操作员在码放过程中要轻拿轻放，禁止乱扔乱抛货物。

（2）严禁野蛮操作，要爱护各种设备。

（3）注意人身安全，禁止堆码过高。

（4）所码放货物不能超出托盘的边缘。

（5）尽可能做到码放货物的商标朝向一致，便于清点货物。

二、任务过程

托盘装盘码垛的四种操作方式的要领如下：

1．重叠式码垛操作要领

将纸箱直上直下垂直堆装，横排放 4 只，竖排放 5 只，共装 4 层，各层重叠后，纸箱四角和边重叠垂直，层与层之间的货品箱平行，箱与箱之间不留空隙，箱与箱的接触面为正面与正面衔接，侧面与下侧面衔接，如图 1-19 所示。

特点：易于操作，四个角边垂直重叠，承载力大，但层与层之间缺少咬合，货跺稳定性差；适用于箱装、袋装、箩筐装货物以及平板、片式货物等。

图 1-19　重叠式码垛

2．正反交错式码垛操作要领

每层货品箱在排列的时候，列与列之间的货品箱垂直放置；箱与箱的交接面为正面与侧面衔接；层与层之间的货品箱摆放的时候，上层的货品箱与下层的货品旋转 180° 摆放。箱与箱交接面的衔接方法和正反交错式层与层间交接面的衔接方法，如图 1-20 所示。

特点：货物间咬合程度高，稳定性好；但操作麻烦，下部货物易被压坏。

3．纵横交错式码垛操作要领

纵横交错式码垛操作的货品箱每层堆码方式与重叠式一样，都按水平同方向摆放；货品箱的第二层与底层旋转 90° 摆放，如此循环，直到堆码结束，如图 1-21 所示。

特点：装盘简单，有一定稳定性；各层之间咬合度不高；适用于管材、捆装、长箱装货物等。

图 1-20　正反交错式码垛

图 1-21　纵横交错式码垛

4．旋转交错式码跺操作要领

使用旋转交错式码垛时，货品箱的每层摆放为：相邻的货品箱相互垂直旋转摆放；根据托盘及货品箱的规格，也可以两个货品箱为一个单位相互垂直摆放；每个堆码单位的交接面必须有一个正面和一个侧面，如图 1-22 所示。

特点：咬合程度高，稳定性好，不易坍塌，但操作麻烦，中间会形成空穴，降低了托盘的承载能力。

图 1-22　旋转交错式码跺

5．实训标准（见表 1-3）

表 1-3　码放作业实训标准

序　号	项　目	扣分/分
1	检查的包装标志朝向的一致性	朝向不等的，每个扣 2 分
2	根据不同特性的商品选择合适的堆码方式	堆码方式不正确的，每种扣 10 分
3	堆码整齐、美观，重心稳定	存在一项不规范，扣 5 分
4	堆码时间：整个作业过程限时 10 分钟	每超时 30 秒，扣 6 分

任务评价

为帮助学生更快地掌握各种堆码方式，我们将进行学生的大比拼训练，步骤如下：

第一步：在实训场地准备 4 个托盘，两种类型的箱子，数量要同时满足足够 4 个托盘堆 4 层。

第二步：每个学生随机从指导教师手中抽签，获得堆码方式要求（见表 1-4），两个学生按要求同时开始实训比时间。

表 1-4　堆码要求

序　号	1	2	3	4
堆码方法	重叠式 正反交错式	重叠式 旋转交错式	纵横交错式 正反交错式	纵横交错式 旋转交错式

第三步：完成两种托盘堆码作业，每种货物各堆码三层。由选手自主决定货物在哪个托盘上作业。

第四步：学生按要求填写下表中的自我评价，然后由教师对各组评价。

第五步：公布优胜者。

被考评人		考评地点		
考评内容				
考评标准	分值/分	自我评价/分	教师评价/分	实际得分/分
1．掌握各种码放方式的操作要领	20			
2．熟悉码放员的基本职责	10			
3．能根据具体情况，灵活运用重叠式码垛、正反交错式码垛、纵横交错式码垛和旋转式码垛装盘码垛方式	50			
4．无安全事故出现，如货物掉落、托盘损坏等	20			
合　计	100			

注：实际得分=教师评价×60%+自我评价×40%。

知识拓展

一、货物堆码的基本原则

1．分类存放

分类存放是仓库储存规划的基本要求，是保证仓储效率的重要手段，也是堆码需要遵循的基本原则。

（1）不同类别的货物分类存放，甚至需要分区分库存放。

（2）不同规格、不同批次的货物也要分位、分堆存放。

（3）残损货物要与原批次货分开。

（4）对于需要分拣的货物，在分拣之后应分位存放，以免混串。

此外，分类存放还包括不同流向货物、不同经营方式货物的分类分存。

2．选择适当的搬运活性

搬运活性是指物料的存放状态对搬运作业的难易程度。为了减少作业时间、次数，提高仓库物流速度，应该根据货物作业的要求合理选择货物的搬运活性。对搬运活性高的入库存放货物，也应注意摆放整齐，以免堵塞通道，浪费仓容。

3．面向通道，不围不堵

货垛以及存放货物的正面，尽可能面向通道，以便查看；另外，所有货物的货垛、货位都应有一面与通道相连，处在通道旁，以便能对货物进行直接作业。只有在所有的货位都与通道相通时，才能保证不围不堵。

二、货物堆码操作要求

（1）合理。不同商品的性能、规格、尺寸各不相同，应相应地采用不同的垛形。不同品种、产地、等级、批次、单价的商品，应分开堆码，以便收发、保管。货垛的高度要适度，不能压坏底层商品和地坪，并与屋顶、照明灯保持一定距离为宜；货垛的间距、走道的宽度、货垛与墙面、梁柱的距离等都要合理、适度。

（2）牢固。操作工人必须严格遵守安全操作规程，防止建筑物超过安全负荷量。码垛不偏不斜、不歪不倒、牢固坚实，与屋顶、梁柱、墙壁保持一定的距离，确保堆垛的安全和牢固。

（3）整齐。货垛应按一定的规格、尺寸叠放，排列整齐、规范。商品包装标志应一律向外，便于查找。

（4）定量。商品储存量不应超过仓储定额，即应储存在仓库的有效面积、地坪承压能力和可用高度允许的范围内。同时，应尽量采用“五五化”堆码方法，以“五”为基本单位堆成总量为“五”的倍数的垛形，如梅花五、重叠五等，便于记数和盘点。

（5）节约。堆垛时应注意节省空间位置，适当、合理地安排货位的使用，提高仓容利用率。

三、货垛的“五距”要求

（1）墙距是指货垛与墙的距离。内墙距不得小于 0.3m，外墙距不得小于 0.5m。

（2）柱距是指货垛与屋柱之间的距离，不得小于 0.3m。

（3）顶距是指货堆的顶部与仓库屋顶平面之间的距离，平房仓库为 0.2～0.5m，多层楼房仓库不小于 0.5m。

（4）灯距是指在仓库里的照明灯与商品之间的距离，不小于 0.5m。

（5）垛距是指货垛之间的距离，货垛间距离为 1m 左右。

四、国家标准中的硬直方体堆码图谱示意图

由于托盘在物流系统中的运用得到普遍认同，因此就形成了货物在托盘上的堆码方式。托盘是具有标准规格尺寸的集装工具，因此，在托盘上堆码物品可以参照典型堆码图谱来进行。如硬质直方体物品可参照中华人民共和国国家标准 GB/T 4892—1996《硬质直方体运输包装尺寸系列》硬质直方体在 1 140mm×1 140mm 托盘上的堆码图谱进行，如图 1-23 所示。

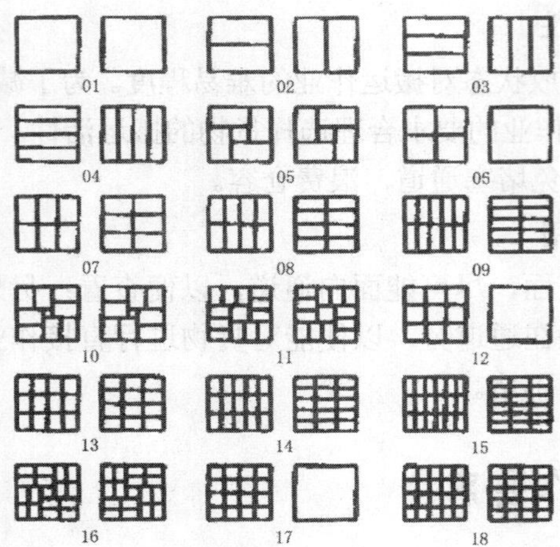

图 1–23　硬质直方体在 1 140mm×1 140mm 托盘上的堆码图谱

五、国家标准中的硬质圆柱体堆码图谱示意图

圆柱体物品可参照中华人民共和国国家标准 GB/T 13201—1997《圆柱体运输包装尺寸系列》圆柱体在 1 200mm×1 000mm、1 200mm×800mm、1 140mm×1 140mm 托盘上的堆码图谱进行，如图 1–24 所示。

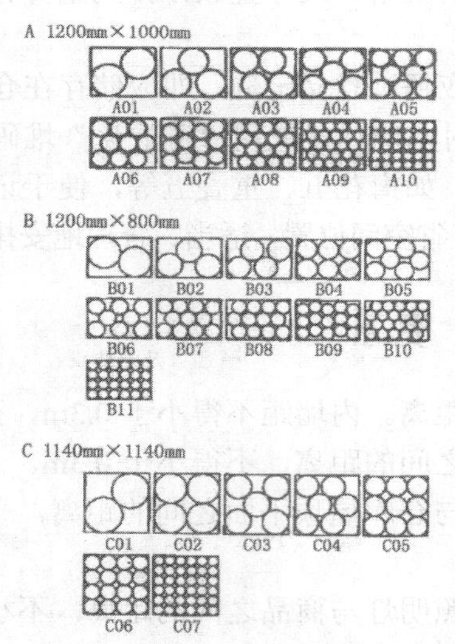

图 1–24　硬质圆柱体在托盘上的堆码图谱

任务巩固

1. 简述重叠式码垛、正反交错式码垛、纵横交错式码垛和旋转式码垛四种码放方式的优缺点。

2. 货物堆码基本原则及操作要求是什么？

任务四　仓位的编号与选择

任务目标

1. 掌握仓位编号的原则、方法。

2. 能准确地将货物存入指定储位。

3. 有表达自己观点的愿望，能提出意见和建议，能与他人协作共同完成实训活动，同时培养认真负责的工作态度。

任务描述

为了配合市场少量多样和时效性强的需求，货物的流通将变得快速且复杂。相对地，在储存作业中就会因流动频率加快及品项的增加而难以掌控。因此，最有效的方法就是利用储位来使货物处于被保管状态，而且能够明确地指示储位的位置，同时货物在储位上的变动情况都能确切记录，使货物在第一时间正确进出库。

现有一批外贸货物已经经过验收程序，要存放在天龙物流公司二号仓库，要求仓库作业人员合理安排储位并按照指定储位入库。

任务实施

一、任务准备

1．岗前准备

（1）服装：鞋、反光背心、戴好安全帽。

（2）工具：仓位编号牌、编码笔、笔及写字板、存储搬运设备、入库单据等。

2．工作人员职责

（1）熟悉仓库内所有储位的编码原则和正确位置。

（2）对于待入库货物能正确安排合理储位。

（3）定期检查各个储位，必要时对商品进行移位。

（4）接到出库通知时能快速找到储位，及时将货物出库。

二、任务过程

1．储位编码

根据仓库位置安排，使用四号定位法对仓库各储位进行编码。四号定位法具体为：1 号一库区—字母；2 号—货架—数字；3 号—货层—数字；4 号—货列—数字。在定位过程中必须遵循"标志明显易找、编排循规有序"的基本原则。例如：天龙 TL—01—02—03，表示迅达仓库一位二层（楼）三列；天龙 TL—01—02—31，表示天龙仓库一位二列（楼）三列第一个位置；天龙 TL—01—02—03，表示龙星仓库一位二层（楼）三列。如果位置是连续的只要写好第一板货的位置和最后一板货的位置就可以，例如：TL—02—04—02/05；如果仓位不是连续的，一定要分别写好。

2．选择储位

根据商品性质及储位编排原则，选择合适储位将商品安排入库。具体流程如图 1-25 所示。

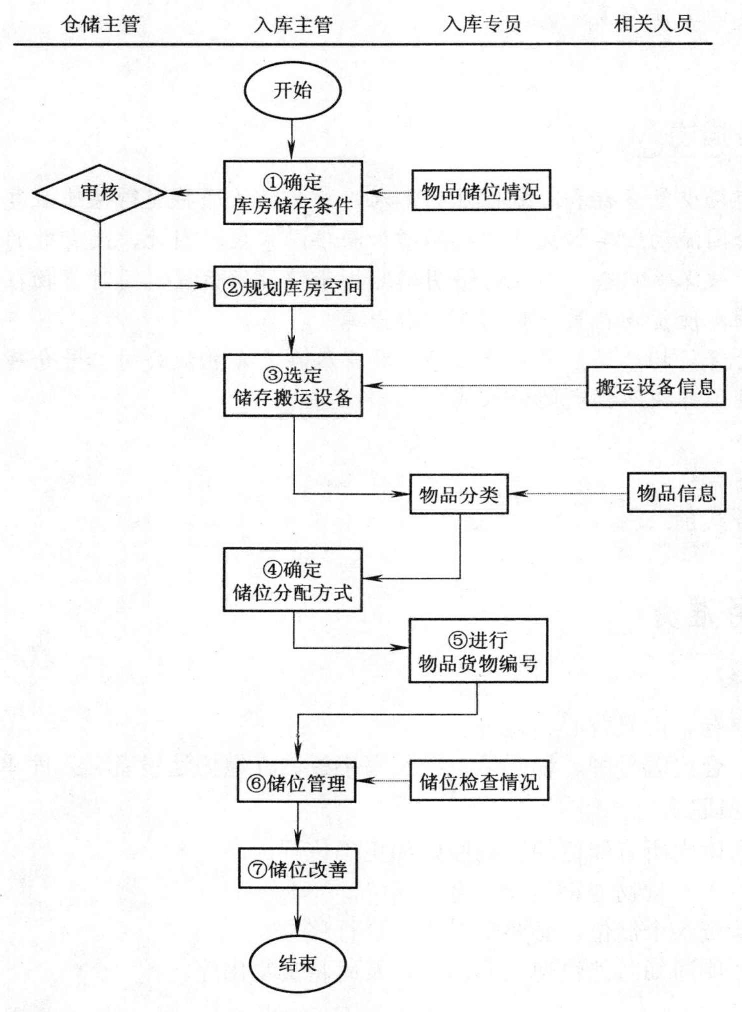

图 1-25　选择储位入库操作

（1）入库主管根据现有库房整体情况，结合公司储存物料与成品种类确定库房储存条件。

（2）入库主管对库房用途进行细致合理划分与设计，并考虑其安全性、空间利用率等使用问题。

（3）入库主管根据库房规划选择成本较低的搬运设备。

（4）入库主管依照物料、成品的分类情况，确定储位分配方式。

（5）入库专员按照物料、成品的储位分配方式对物料、成品进行编号，便于日后查找。

（6）入库主管定期或不定期对库房储位情况进行检查、管理。

（7）对于安排不合理、不实际的储位安排，入库主管要对其进行及时调整、改善。

任务评价

为帮助学生更快地掌握仓位编号与选择，我们将进行学生团队大比拼训练，步骤如下：

第一步：五人一组自由组合，选出组长。

第二步：在组长组织下进行团队分工，做好大比拼准备。

第三步：教师准备 10 件不同的货物及其入库单数张，由各小组随机抽取。

第四步：各组按要求在最短的时间内完成货物的入库，并完成下表中自我评价的填写，然后由教师对各组评价。

第五步：公布优胜团队，注意培养团队合作与工作责任心。

被考评人		考评地点			
考评内容					
考评标准		分值/分	自我评价/分	教师评价/分	实际得分/分
1．掌握定位编号的原则、方法		20			
2．能在 8 分钟内完成 10 件货物的正确入库		60			
3．小组合作、分工安排情况		20			
合　　计		100			

注：实际得分=教师评价×60%+自我评价×40%。

知识拓展

一、仓位管理概述

仓位管理是指对仓库存放货物的仓位进行的规划、分配、使用、调整等工作。

不少管理者以企业库存不大、硬件设施不全等原因为借口，没有推行仓位管理制度，其实仓位管理是一种运作思想，以物流中心自有的定义标准，统一不同货物的属性，方便基层人员的具体操作，以此提高库房工作效率。

二、仓位管理的分类

按照仓位的使用方式，可分为固定仓位和自由仓位。为了便于对仓位进行管理，可采用仓位编号的方法，如采用“四号定位法”。若能利用电子计算机进行仓位管理则比较理想，它可以按照设定的条件分配并提供仓位，再进行各种查询，随时了解仓位的利用情况。

1．自由仓位

自由仓位也称“自由料位”或“随机仓位”，即每一个仓位均可以存放任何一种货物（相互有不良影响者除外），只要仓位空闲，入库各种货物均可存入。

优点是能充分利用每一个仓位，充分发挥每一个仓位的作用，提高仓库储存能力。

缺点是每个仓位的存货经常变动，每种货物没有固定的位置，仓管人员收发查点时寻找仓位比较困难，影响工作效率并容易造成收发差错。但是如果采用电子计算机进行仓位管理，就能选用自由仓位。

2．固定仓位

固定仓位也称为“固定料位”，即对某一仓位严格规定只能存放某一规格品种的货物，而不能存放其他货物。

优点是每一种货物存放的位置固定不变，仓库管理人员容易熟悉并记住各种货物的相应仓位，便于收发查点，能提高收发货效率并减少差错。如果绘制成仓位分布图，非本库管理人员也能比较容易地找到目标仓位。

缺点是不能充分利用每一个仓位，容易造成储存能力的浪费。

为了扬长避短，存入货架的小件货物可以不用固定仓位，就地堆垛的大宗货物可采用自由仓位。

三、选择仓位的原则

（1）根据货物的尺寸、质量、特性、保管要求选择仓位。

（2）保证“先进先出，缓不围急”。

（3）出入库频率高的货物，使用方便作业的仓位。

（4）小票集中，大不围小，重近轻远。

（5）方便作业。

（6）作业分布均匀。

四、仓位管理内容

1．货物入库

首先要解决和明确的问题就是要存放的仓位，仓位确定后就可以堆码，这样才能减少不必要的重复倒运。货物堆放好后必须要有明确的标识，以方便管理，实现账、卡、物一致。入库前通过仓库管理信息系统要容易查询到相应货物在仓库的堆放仓位信息，为相应的货物整理出空间，使得同一货物能够堆放在同一仓位上，提高仓库空间的使用率。

2．货物出库

货物出库时，也要首先根据拣货单提供的信息到相应的仓位上取出正确的货号、尺码、

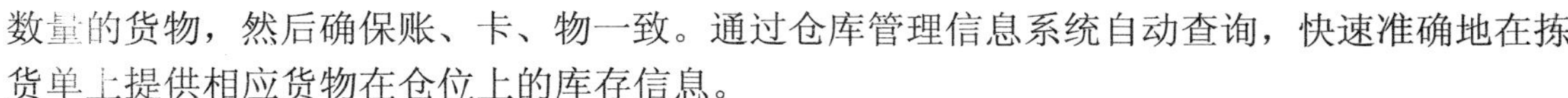

数量的货物，然后确保账、卡、物一致。通过仓库管理信息系统自动查询，快速准确地在拣货单上提供相应货物在仓位上的库存信息。

3．货物的整理

当仓库的货物进行整理并且货物在仓库中有发生仓位转移时，同样要求做到账、卡、物一致；通过仓库管理信息系统提供的仓位库存查询、仓位库存货物分析、仓位盘点等工具，将能大大提高货物整理的准确性和高效性。

任务巩固

根据仓库储位编码方法，请各位同学对各自的座位进行编码。

项目二　外贸仓储设备操作

Project 2

任务一　液压托盘车操作

任务目标

1. 了解液压托盘车的各项性能与结构。
2. 灵活使用各种方式快速而安全地搬运各种货物。
3. 了解液压托盘车操作员的基本职责。
4. 熟悉仓库中的货架类型。
5. 在实训过程中，遵守纪律，集中注意力，时刻谨记安全与责任，认真观看和记录。
6. 有表达自己观点的愿望，能提出合理化意见和建议，能与他人协同完成实训活动。

任务描述

掌握并分析搬运货物的型号、属性是顺利完成任务的前提，操作员应该根据货物的特殊情况在搬运过程中采取有针对性的方法，还应该提前熟悉和掌握托盘车的性能。

天龙物流一号仓库内现有一批货物需要在仓库内进行移位，移位的路线上有多个障碍物，要求操作员使用液压托盘车在最短的时间内完成搬运、移位，并保证货物完好无损。

任务实施

一、任务准备

如图 2-1 所示，液压托盘车货叉置于地上并停在停车区内，在停车区一边放有已经码好数层箱子的一个托盘另一边放有一个码放着装有八成水的纸杯的托盘。

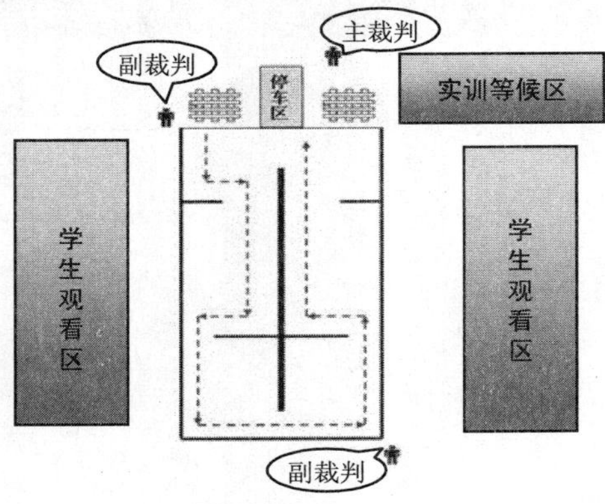

图 2-1　场地示意图

1．岗前准备

（1）液压托盘车一辆，1 000mm×1 200mm 托盘两个。

（2）服装：鞋、反光背心、安全帽。

（3）在两个托盘上分别放上数层箱子和一个装有八成水的纸杯。

（4）液压托盘车及托盘放在指定区域上，将货叉置于地上。

2．液压托盘车操作员职责

（1）努力学习业务知识（产品的型号、摆放位置、操作单据等），不断提高自己，成为岗位的能手。

（2）对所搬运（摆放）商品的数量、质量负责。有监督仓管员是否按单收、发商品的权力。

（3）遵守劳动纪律，服从仓管员的指挥，执行仓管员的工作指令，在规定的时间内完成规定的工作。

（4）搬运（摆放）工作要采用正确的搬运（摆放）方式，掌握货物的特性，文明装卸，严禁野蛮操作。

（5）积极参与公司及仓库推行的 5S 等各项工作，货物摆放及托盘车停放要规范，保持仓库的整洁卫生。

二、任务过程

（1）操作员穿好安全鞋、反光背心，到液压托盘车旁就位。

（2）主裁判宣布训练开始并计时，副裁判协助学生在指定位置就位。

（3）操作员戴好安全帽，将液压托盘车拉到已经码好货的托盘处，托盘车禁止撞击托盘。

（4）操作员将液压托盘车升高，移动码货托盘通过障碍物后再回原地归位。

（5）操作员再将液压托盘车移动至放水杯的托盘处。

（6）操作员将液压托盘车升高，移动放水杯托盘通过障碍物后再拉回原地归位。

（7）操作员将液压托盘车拉回原位，并大声向主裁判报告操作完成，主裁判停止计时。

三、实训加时标准

液压托盘车实训加时标准见表 2-1。

表 2-1　液压托盘车实训加时标准

项　　目	加时/（s/次）
掀动液压手柄时冲击油缸顶杆	5
取走托盘时托盘留在原地	10
液压托盘车车身及托盘超过边界（由矿泉水瓶围成）	20
货物掉落一箱	10
液压托盘车行进中出现 90° 急转弯	10
水杯倾倒	20
托盘归位出界	10
车辆归位出界	10

任务评价

在 3min 内，安全、快速地完成液压托盘车的操作，并按要求完成下表中自我评价的填写。

被考评人			考评地点		
考评内容					
考评标准		分值/分	自我评价/分	教师评价/分	实际得分/分
1．熟练掌握液压托盘车的性能与操作		20			
2．安全操作液压托盘车，无安全事故发生		20			
3．根据加时标准，能在 3min 内完成液压托盘车的搬运操作		60			
合　　计		100			

注：实际得分=教师评价×60%+自我评价×40%。

知识拓展

一、手动液压托盘车

手动液压托盘车俗称地牛，在使用时将其承载的货叉插入托盘孔内，由人力驱动液压系统来实现托盘货物的起升和下降，并由人力拉动完成搬运作业。自重约 0.075～0.1t，货叉最高高度约 200mm，货叉最低高度约 75mm，载重量约 2～5t。它是托盘运输工具中最简便、最有效、最常见的装卸、搬运工具，适合于狭窄通道和有限空间内的作业。

1．手动液压托盘搬运车结构

手动液压托盘车主要由六个部分组成，如图 2-2 所示。

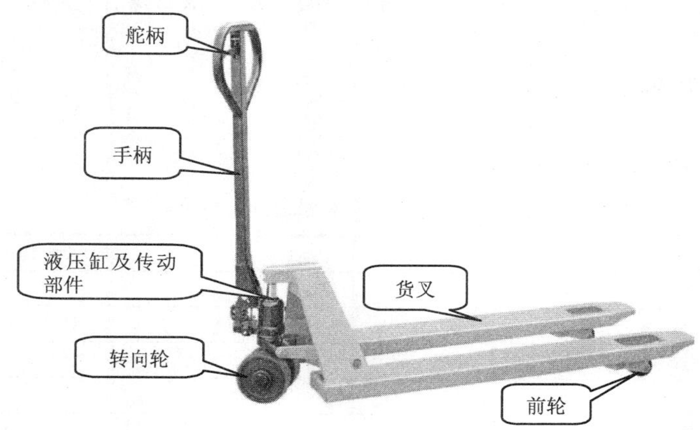

图 2-2　手动液压托盘车

（1）舵柄：可以视为液压系统的控制阀，当舵柄处于中位时，摇动手柄不会使货叉上升；

当舵柄处于下位时，上下摇动手柄会使货叉上升，而提拉舵柄至上位则为泄压，使货叉回落，如图 2-3 所示。

（2）手柄：通过手柄的前后左右转动带动转向轮的转动，由此控制车子的行驶方向，同时，手柄也是打压、拉动地牛的施力部件。

（3）液压缸及传动部件：液压系统动力元件在不同的位置有不同的功能。

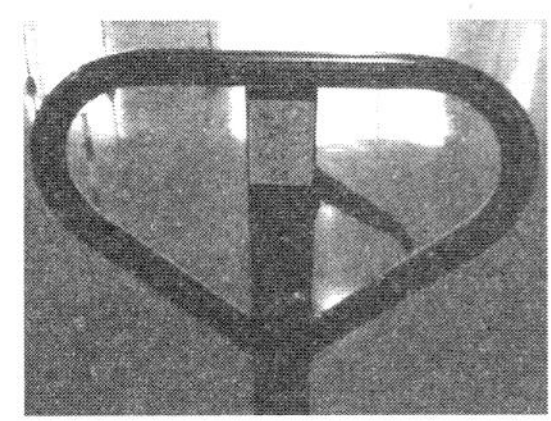
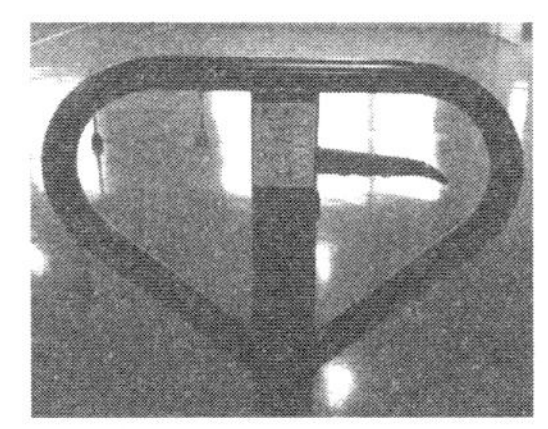
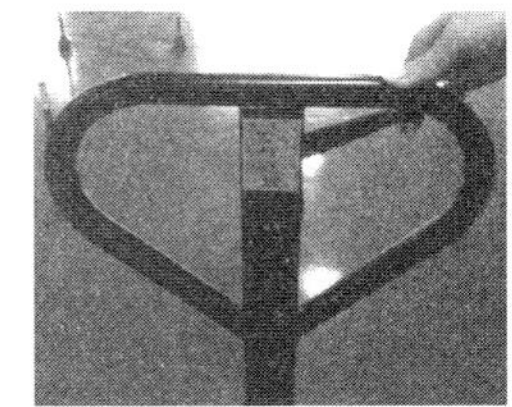

图 2-3 舵柄位置功能

（4）转向轮：通过方向柄对其转动来控制地牛的行驶方向，并带动地牛行驶。

（5）货叉：承载货物或托盘的主要部件。

（6）前轮：与方向轮一起带动地牛行驶。

2. 手动液压托盘车的特点及优势

（1）手动液压托盘车的门架采用重型“C”型钢立柱钢材，冷弯成形，更坚固，更安全，移动灵活，操作方便省力。

（2）液压缸采用高精密研磨管，进口油封，一体式阀芯，方便拆卸和维修；泄压方式采取脚踩式，升降速度平稳，安全性大大提高。

（3）采用先进的喷塑工艺，改进产品外观的同时还增加了手动液压托盘车的耐用性。

（4）手动液压托盘车不仅是一种环保高效的搬运设备，还有运输灵巧、操作灵活、转弯半径小等特点。

（5）适用于生产工厂、生产车间、仓库仓储以及各地车站、码头、机场等地，尤其适合有防火防爆要求的场地使用，如印刷车间、油库、化学品仓库等。

（6）配合托盘货箱、集装箱等可实现单元化运输，不仅减少了碰撞、划伤等情况，更减少了工作量及堆放面积，大大提高工作效率。

3. 使用注意事项

（1）应将货物慢速加载于货叉上，不许将重物急速加载于货叉上。

（2）不要超载使用，超载时，车子将不能正常工作。

（3）货物重心应在两货叉之中，偏载的货物被提升后可能会发生翻车。

（4）不要把货物长期搁在车体上。

（5）车辆不工作时，将货叉处于最低位置。

（6）严禁载人，严禁人站在货叉上踩地溜车。

（7）适合平坦、坚硬的地面使用。如果必须在有坡度的地面上使用，应选购带刹车的搬运车。

（8）未经培训，不要尝试自行维修。

二、货架的概念

货架是为了节省货品存放空间，增加库房利用效率，用支架、隔板或托架组成的立体储存货物的设施，如图 2-4 所示。

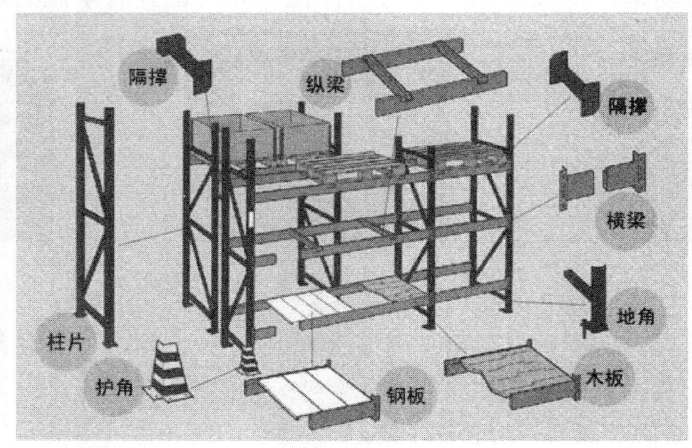

图 2-4 货架构成

（1）横梁（主要组成部分）：连接柱片支撑货物。
（2）地角（主要组成部分）：连接货架与地面使货架更稳固。
（3）柱片（主要组成部分）：用于支撑货架的全部重量。
（4）护角（主要组成部分）：保护货架柱片不受叉车撞击。
（5）纵梁（选配件）：用于支撑货物。
（6）隔撑（选配件）：用于货架与墙壁的连接。
（7）木板（选配件）：平铺在横梁之间摆放货物。
（8）钢板（选配件）：平铺在横梁之间摆放货物。

三、货架的作用

（1）立体结构可充分利用仓库空间，提高仓库容量利用率，扩大仓库储存能力。

（2）货物存取方便，可做到先进先出，具有充分的挑选能力和流畅的库存周转能力。

（3）仓库货架中的货物一目了然，便于清点、划分、计量等重要的管理工作。

（4）满足大批量货物、品种繁多的存储与集中管理需要，配合机械搬运工具，同样能做到存储与搬运工作秩序井然。

（5）存入货架中的货物，互不挤压，货物损耗小，可完整保证货物本身的功能，避免货物在储存环节中可能的损失。

（6）保证存储货物的质量，可以采取防潮、防尘、防盗、防破坏等措施，以提高货物存储质量。

（7）满足现代化企业低成本、低损耗、高效率的物流供应链的管理需要。

（8）承重力大、不易变形、连接可靠、拆装容易，多样化。

四、常用货架类型

1. 托盘式货架

托盘式货架又称工业货架，立柱可高达 6m 而中间无接缝，一般采用叉车等装卸作业，是以托盘单元方式来保管货物的货架，是机械化、自动化货架仓库的主要组成部分，如图 2-5 所示。这种货架多是装配式结构，即立柱、立柱片、横梁等之间采用螺栓或插接连接，具有刚性好、自重轻、层高可自由调节的特点，适合规模化生产，且成本低、运输和安装便利，目前已成为外贸仓储类企业货架的主流趋势。

图 2-5　托盘式货架

2. 中型货架

中型货架由立柱、横梁、托板和层板组成，主要特点为无螺栓连接，组装、拆卸简便，外形美观大方，适用于人工存取货物的情况，承载能力通常为 200～350kg/层，可以满足大部分使用要求，如图 2-6 所示。中型货架件层板可以按 50mm 间距自由上下调整，为便于操作人员存取货物，货架总高度通常不超过 2m，如果使用登高设备，货架高度最多可以达到 3m，可单独使用，也可自由拼接成各种排列方式。

图 2-6　中型货架

3．轻量型货架

轻量型货架，采用万能角钢结构，配置钢、木层板，随意结合，层高最小为50mm，任意可调；投入较少，用途广泛，可满足多种存放需求，如图2-7所示。轻量型货架由角钢、角钢层板、角码、卡销、专用螺栓和塑料底脚组成。

图2-7　轻量型货架

4．通廊式货架

通廊式货架也称为贯通式货架、驶入式货架，如图2-8所示。贯通式货架采用托盘存取模式，适用于存放品种单一、大批量的货物；与托盘货架相比，仓库利用率可达到80%左右，仓库空间利用率可提高30%以上，是存储效率最高的一种货架。货物存取从货架同一侧进出，先存后取、后存先取，平衡重及前移式叉车可方便地驶入货架中间存取货物。通廊式货架投资成本相对比较低，适用于横向尺寸较大、品种较少、数量较多、同类型货物，由于其存储密度大、对地面空间利用率较高，常用于冷库、食品、烟草等存储空间成本较高的仓库。叉车可自由地进出于货架之间的走廊，从而使仓库得到最大限度的利用，还可根据实际需要配置导向轨道。

图2-8　通廊式货架

5. 悬臂式货架

悬臂式货架，使用专用型材立柱，配高强度悬臂，适用于存放长物料、环形物料、板材、管材及不规则货物，如图 2-9 所示。悬臂式货架可以是单面或双面，具有结构稳定、载重能力好、空间利用率高等特点。悬臂式货架立柱多采用 H 型钢或冷轧型钢，悬臂采用方管、冷轧型钢或 H 型钢，悬臂与立柱间采用插接式或螺栓连接式，底座与立柱间采用螺栓连接式，底座采用冷轧型钢或 H 型钢。货物存取由叉车、行车或人工进行。每臂载重通常在 500kg 以内。此类货架多用于机械制造行业和建材超市等，加了搁板后，特别适合空间小、高度低的库房，管理方便，视野宽阔，与普通搁板式货架相比，利用率更高。

图 2-9　悬臂式货架

6. 阁楼式货架

阁楼式货架采用货架立柱做楼面支撑，钢结构楼板平整，整体性强，承载能力高且均匀，可以更好利用仓储空间，如图 2-10 所示。根据实际场地和具体要求，它可设计成多层楼层，通常 2 至 3 层。底层货架可采用次重型、重型货架等多种货架，它不仅是存储货物的系统，同时也是上层重量的支撑点，还能配备楼梯、护栏及电动升降平台等辅助设施，采用全组合式结构，立体感强，安装、拆卸方便，可根据实地灵活设计。阁楼货架系统在汽车零部件、汽车 4S 店、轻工、电子等领域有较多应用。

图 2-10　阁楼式货架

7. 流利式货架

流利式货架将货物置于滚轮上，利用一边通道存货另一边通道取货。料架朝出货方向向下倾斜，货物在重力的作用下向下滑动，可实现先进先出，并可实现一次补货，多次拣货，如图 2-11 所示。流利式货架存储效率高适合大量货物的短期存放和拣选。

流利式货架广泛应用于配送中心、装配车间以及出货频率较高的仓库。

流利式货架上的常用容器有周转箱、零件盒及纸箱。在周转箱和零件盒两种标准容器中，周转箱更常使用。因此，在制定流利架标准规格时，以可堆式周转箱为参照。

图 2-11　流利式货架

任务巩固

1. 简述手动托盘液压车构造及其作用。
2. 简述手动托盘液压车的性能参数、额定起重量、货叉起升高度和货叉下降最低位。
3. 操作手动托盘液压车时，常见的不正确操作有哪些？
4. 简述货架的概念、作用以及种类。

任务二　叉车操作

任务目标

1. 熟悉叉车的基本结构、性能。
2. 熟练操作叉车移库、绕桩堆高项目。
3. 理解叉车司机的基本职责。
4. 了解叉车的主要类型及特点。
5. 能够以服务者的身份进入工作状态，快速理解任务或指令，发挥主观能动性，具备危机处理意识。
6. 在叉车操作中，具备安全意识以及高度的责任心。

任务描述

为安全无误地完成叉车训练操作，在训练前的重要内容是深入学习叉车司机的岗位职责和安全驾驶意识，了解叉车的基本性能和安全操作规程，分析训练中可能会遇到的困难。

根据仓库实际工作的需要，要求叉车驾驶员驾驶叉车在规定时间内完成叉车移库和叉车绕桩堆高实训项目。

任务实施

一、叉车移库项目

1. 任务准备

叉车以熄火状态停放在停车库位的起止线内；在托盘位置处放置有一个 1 100mm×1 100mm 单面四向塑料托盘；在塑料托盘的中心位置处放置一个一次性纸杯，纸杯中盛八分水。叉车移库场地图，如图 2-12 所示。

（1）岗前准备。

1）1.5t 柴油叉车或电瓶叉车，1 000mm×1 200mm 托盘一个。

2）服装：鞋、反光背心、戴好安全帽。

3）一个纸杯装八分水。

4）将叉车及托盘放在指定区域上，货叉置于地。

（2）叉车司机职责。

1）不得将车辆交于其他无关人员驾驶，若发现无关人员擅自驾驶车辆，应及时、有效地制止，必要时可要求保安协助。严禁司机驾驶叉车出厂私用。

2）生产准备：工作前首先检查叉车轮胎气压，制动系统是否符合要求，方向是否灵活，燃料润滑油是否符合规定要求，装卸部位是否存在安全隐患等。

3）生产过程：根据指令和生产周转需要，用叉车将转运、装卸货物安放到所在位置，驾驶过程中应注意控制车速，确保人、物安全。特别是转弯处应减速慢行，以防物料散落，符合搬运装卸要求。

4）设备维护：负责对叉车的日常维护保养，各种油料的添加，故障的排除，轮胎充气、润滑系统润滑，使叉车处于良好状态。

5）确保安全：严格执行叉车安全操作规程，杜绝违章铲运，注意来往车辆、行人，避免发生车辆和人身伤亡事故，不野蛮装卸，不乱堆乱放，保证装卸货物完整。

6）交接班应做好车辆交接以及投栏品种、数量、库位等交接班工作。

7）现场管理现场工作保持环境整洁，叉车不乱停乱放，按指定位置停放，无操作证人员杜绝使用车辆，发现不安全因素及时报告。

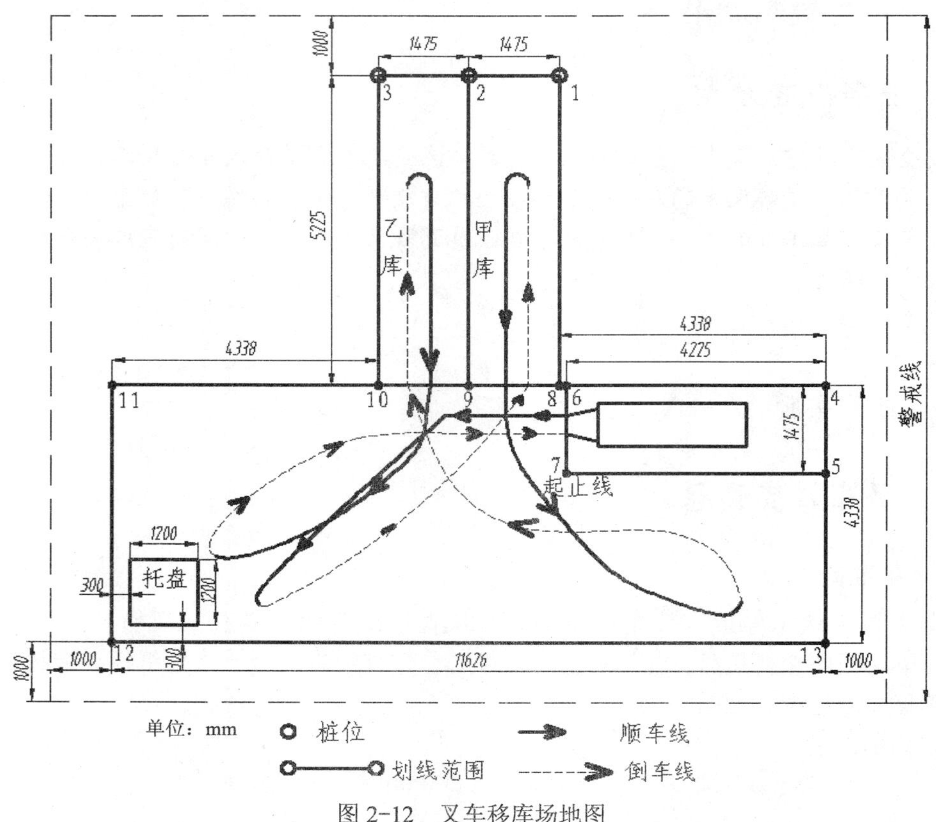

图 2-12　叉车移库场地图

2. 任务过程

（1）操作者必须头戴安全帽，落座后系好安全带。

（2）操作者准备就绪后，起动叉车，鸣笛示意比赛开始，计时裁判以笛声为准开始计时。

（3）叉车由起点顺车前进，按图示路线行驶至托盘处，叉起位于托盘处的托盘。

（4）再按图示路线完成移库操作。

（5）当从乙库驶出时，行驶至图示托盘位置处，将托盘放下。

（6）再沿图示路线将叉车停回起始位置。

（7）鸣笛示意比赛结束，计时裁判结束计时。

（8）熄火，离开叉车，完成实训项目。

3. 实训加时标准

叉车操作实训加时标准见表 2-2。

表 2-2　叉车操作实训加时标准

序　号	项　目	加时/（s/次）
1	未戴安全帽	1
2	未系安全带	1
3	未鸣笛	1
4	车身压线或出线（边线）	2
5	货叉或托盘出线（边线）	2

（续）

序号	项目	加时/（s/次）
6	停车压线，包括库位处的虚线	2
7	碰桩	2
8	水杯中的水荡出	2
9	放置托盘时压线或出线	2
10	中停熄火	3
11	水杯倾倒	5
12	超时	超出部分的时间
13	水杯倾倒未重新放置盛水的纸杯	240
14	未按规定路线行驶	240

二、叉车绕桩堆高项目

1. 任务准备

叉车以熄火状态停放在停车库位的起止线内；在A区的托盘1位置处的地面上堆放两个托盘，每个托盘的中心位置处都放有一个轮胎；在C区的托盘2位置处的地面上放置一个托盘，在托盘的四角位置处分别放置1个易拉罐。叉车绕桩堆码场地图，如图2-13所示。

岗前准备工作如下：

（1）1.5t柴油叉车或电瓶叉车，四个1 000mm×1 200mm单面四向塑料托盘。

（2）工具：水杯、水桶、计时秒表。

（3）服装：鞋、反光背心、安全帽。

（4）实训人员要严格按照实训要求与步骤进行实训项目。

2. 任务过程

（1）操作员必须头戴安全帽，落座后系好安全带。

（2）操作员准备就绪后，起动叉车，鸣笛示意比赛开始，计时裁判以笛声为准开始计时。

（3）操作员驾驶叉车，至A区的托盘1处，顺序叉起上面的第一个托盘，沿图示中的虚线方向绕桩通过B区，行至C区，并将托盘堆放在托盘2处的四个易拉罐上，要求与托盘2处的原放有四个易拉罐的托盘保持整齐。

（4）空车沿原路线倒车绕行至A区。

（5）在托盘1处叉起剩下的另一个托盘，按第一次正向行驶的方式绕行至C区，将托盘堆放在托盘2处。

（6）退出货叉后，将托盘2处的三个托盘一次性全部叉起，沿图示实线方向倒行至A区，并将所有托盘放置在托盘1处。

（7）将叉车停回到指定库位内的起止线内，鸣笛示意比赛结束，计时裁判结束计时。

（8）无需熄火，离开叉车，结束比赛。

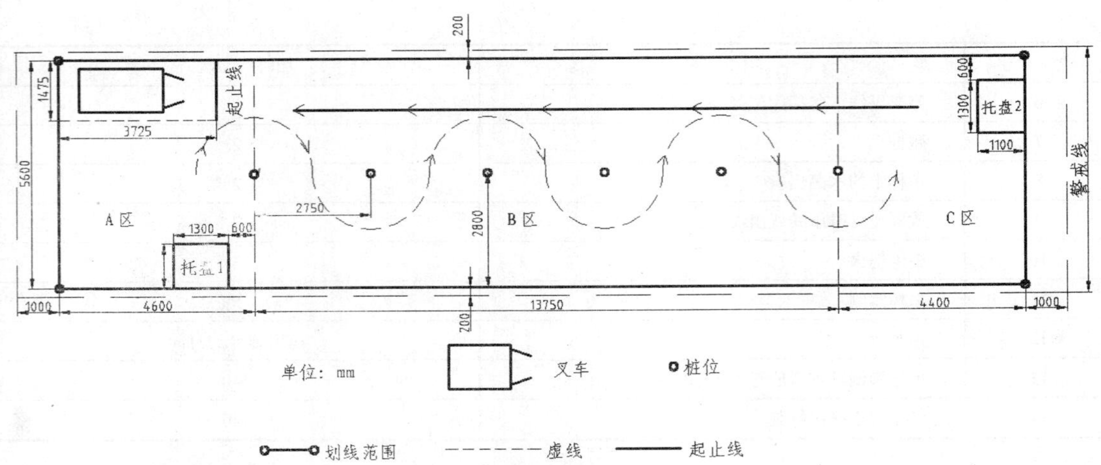

图 2-13　叉车绕桩堆高场地图

3. 实训加时标准

叉车绕桩堆高项目实训加时标准见表 2-3。

表 2-3　叉车绕桩堆高项目实训加时标准

序　号	项　目	加时/（s/次）
1	未戴安全帽	1
2	未系安全带	1
3	未鸣笛	1
4	车身压线或出线（边线）	2
5	货叉或托盘出线（边线）	2
6	停车压线，包括库位处的虚线	2
7	碰桩	2
8	碰倒易拉罐	2
9	托盘堆放不整齐	2
10	放置托盘时压线或出线	2
11	中途熄火	3
12	轮胎甩落	3
13	下车调整轮胎位置	3
14	托盘倒塌	5
15	超时	超出部分的时间
16	轮胎甩落未重新放上轮胎	600
17	托盘倒塌未重新摆放	600
18	未按规定路线行驶	600

任务评价

一、叉车移库项目

根据图 2-12 所示的叉车移库场地图，要求操作者在 5min 内安全、快速地完成叉车移库操作，并按要求完成下表中自我评价的填写。

被考评人		考评地点		
考评内容				
考评标准	分值/分	自我评价/分	教师评价/分	实际得分/分
1．能熟练掌握叉车的性能、结构	20			
2．能安全操作叉车，无安全事故发生	20			
3．根据实训加时标准，能在 8min 内完成叉车移库的操作	60			
合　计	100			

注：实际得分=教师评价×60%+自我评价×40%。

二、叉车绕桩堆高项目

根据图 2-13 所示的叉车绕桩堆高场地图，要求操作者在 12min 内安全、快速地完成叉车绕障碍物堆高项目的操作，并按要求完成下表中自我评价的填写。

被考评人		考评地点		
考评内容				
考评标准	分值/分	自我评价/分	教师评价/分	实际得分/分
1．能熟练掌握叉车的性能、结构	20			
2．能安全操作叉车，无安全事故发生	20			
3．根据实训加时标准，能在 12min 内完成叉车绕桩堆高操作	60			
合　计	100			

注：实际得分=教师评价×60%+自我评价×40%。

知识拓展

一、叉车的概念及其发展

叉车是工业搬运车辆，是指对成件托盘货物进行装卸、堆垛和短距离运输作业的各种轮式搬运车辆，如图 2-14 所示，被国际标准化组织 ISO/TC110 称为工业车辆，常用于仓储大型物件的运输，通常使用内燃机或者电池驱动。

自 1937 年美国海斯特公司生产出世界第一部叉车以来，70 余年的时间里，叉车技术发展非常迅速，叉车的品种、规格增加了很多。20 世纪 60 年代以前世界上叉车生产数量很少，品种也较单一，以柴油机为动力的机械传动叉车为主。20 世纪 60 年代至 20 世纪 80 年代，随着工业的发展，为了实现装卸机械化，一些国家的叉车技术出现了飞跃，不但产量大幅增长，品种也由原来单一的柴油叉车发展到汽油叉车、液化石油气叉车和蓄电池叉车。叉车的传动方式也由传统的机械传动发展到液压传动和静压传动。此后的 40 余年间，随着科技进步，叉车行业不断采用新技术、新结构，在提高叉车技术性能、使用可靠性、操作舒适性等方面又有了更大的进步，叉车品种规格也更齐全，可以满足不同领域、不同用户、不同工作场地及不同工况的各种需要。

随着经济的快速发展，我国大部分企业的物料搬运作业已经脱离了原始的人工搬运，取而代之的是以叉车为主的机械化搬运。因此，我国叉车的市场需求量每年都保持着高速增长。

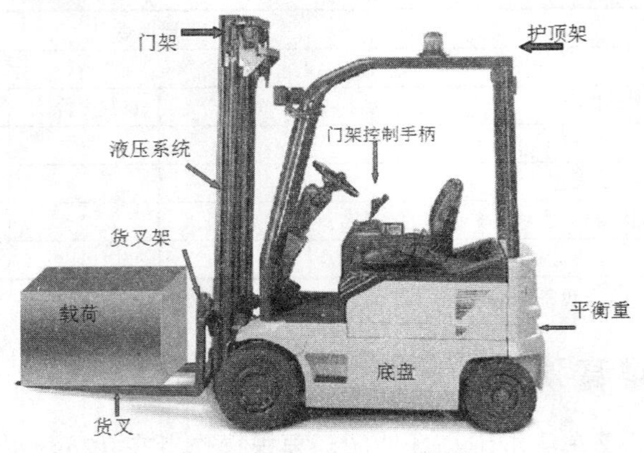

图 2-14　叉车的主要部件

二、叉车类型

每种叉车都有其典型的运用工况，了解叉车类型是选型的前提，然后结合具体的工况，选择最适合企业需要的车型和配置。

1．车型分类

叉车通常可以分为内燃叉车、电动叉车和仓储叉车三大类。

（1）内燃叉车又可分为普通内燃叉车、重型叉车、集装箱叉车和侧面叉车。

1）普通内燃叉车一般采用柴油、汽油、液化石油气或天然气发动机作为动力，载荷能力为 1.2～8.0t，作业通道宽度一般为 3.5～5.0m，考虑到尾气排放和噪声问题，通常用在室外、车间或其他对尾气排放和噪声没有特殊要求的场所，由于燃料补充方便，因此可实现长时间的连续作业，而且能在恶劣的环境下（如雨天）工作，如图 2-15 所示。

图 2-15　普通内燃叉车

2）重型叉车采用柴油发动机作为动力，承载能力为 10.0～52.0t，一般用于货物较重的码头、钢铁等行业的户外作业，如图 2-16 所示。

3）集装箱叉车采用柴油发动机作为动力，承载能力为 8.0～45.0t，一般分为空箱堆高机、重箱堆高机和集装箱正面吊，应用于集装箱搬运，如集装箱堆场或港口码头作业，如图 2-17 所示。

图 2-16　重型叉车

图 2-17　集装箱叉车

4）侧面叉车采用柴油发动机作为动力，承载能力为 3.0～6.0t，在不转弯的情况下具有直接从侧面叉取货物的能力，因此主要用来叉取长条形的货物，如木条、钢筋等，如图 2-18 所示。

图 2-18　侧面叉车

（2）电动叉车以电动机为动力，以蓄电池为能源，承载能力为 1.0～4.8t，作业通道宽度一般为 3.5～5.0m，由于没有污染、噪声小，因此广泛应用于对环境要求较高的工况，如医药、食品等行业。由于每个蓄电池单元一般在工作若个小时后需要充电，因此对于多班制的工况需要配备备用电池。

（3）仓储叉车主要是为仓库内货物搬运而设计的叉车。除了少数仓储叉车（如手动托盘叉车）采用人力驱动，其他都是以电动机驱动，因其车体紧凑、移动灵活、自重轻和环保性能好而在仓储业得到普遍应用。在多班作业时，电机驱动的仓储叉车需要配有备用电池。

1）电动托盘搬运叉车的承载能力为 1.6～3.0t，作业通道宽度一般为 2.3～2.8m，货叉提升高度一般在 210mm 左右，主要用于仓库内的水平搬运及货物装卸，一般有步行式和站驾式两种操作方式，可根据效率要求选择，如图 2-19 所示。

2）电动托盘堆垛叉车的承载能力为 1.0～1.6t，作业通道宽度一般为 2.3～2.8m，在结构上比电动托盘搬运叉车多了门架，货叉提升高度一般在 4.8m 内，主要用于仓库内的货物堆垛及装卸，如图 2-20 所示。

图 2-19　电动托盘搬运叉车

图 2-20　电动托盘堆垛叉车

3）前移式叉车的承载能力为 1.0～2.5t，门架可以整体前移或缩回，缩回时作业通道宽度一般为 2.7～3.2m，提升高度最高可达 11m 左右，常用于仓库内中等高度的堆垛、取货作业，如图 2-21 所示。

图 2-21　前移式叉车

4）电动拣选叉车在某些工况下（如超市配送中心），不需要整个托盘出货，而是按照订单拣选多个品种的货物组成一个托盘，此环节称为拣选。按照拣选货物的高度，电动拣选叉车可分为低位拣选叉车（<2.5m）和中高位拣选叉车（最高可达 10m）。

低位拣选叉车的承载能力为 2.0～2.5t。中高位拣选叉车的驾驶室可提升，其承载能力为 1.0～1.2t，如图 2-22 所示。

5）低位驾驶三向堆垛叉车通常配备一个三向堆垛头，叉车不需要转向，旋转货叉就可以实现两侧的货物堆垛和取货，通道宽度 1.5～2.0m，提升高度可达 12m。叉车的驾驶室始终在地面不能提升，考虑到操作视野的限制，主要用于提升高度低于 6m 的工况，如图 2-23 所示。

图 2-22　电动拣选叉车

图 2-23　低位驾驶三向堆垛叉车

6）高位驾驶三向堆垛叉车与低位驾驶三向堆垛叉车类似，也配有一个三向堆垛头，通道宽度 1.5～2.0m，提升高度可达 14.5m。其驾驶室可以提升，驾驶员可以清楚地观察到任何高度的货物，也可以进行拣选作业。高位驾驶三向堆垛叉车在效率和性能各方面都优于低位驾驶三向堆垛叉车，因此该车型已经逐步替代低位驾驶三向堆垛叉车，如图 2-24 所示。

图 2-24　高位驾驶三向堆垛叉车

三、叉车作业中应遵守“八不准”

（1）不准单叉作业。

（2）不准将货物升高长距离行驶。

（3）不准用货叉挑翻货盘的方法取货。

（4）不准用货叉直接铲运化学药品、易燃品等危险品。

（5）不准用惯性力取货。

（6）不准用制动性力流放圆形或易滚货物。

（7）不准在货盘或货叉上带人作业，货叉升起后货叉下严禁站人。

（8）不准在斜坡路面上横向行驶。

任务巩固

1. 什么是厂内机动车辆？
2. 叉车行驶和作业中的检查内容有哪些？
3. 造成横向翻车事故有哪几种情况？
4. 厂内车辆出车前、收车后应该检查哪些内容？

任务三　电子标签货架操作

任务目标

1. 熟悉掌握电子标签货架的结构。
2. 能提取不同格式拣货单中的信息。
3. 理解电子标签拣货系统的概要、特点。
4. 理解电子标签摘取式拣货和播种式拣货的区别。
5. 根据拣货要求，灵活、快速地进行摘取式拣货和播种式拣货。
6. 能够在体验式学习中遵守纪律，集中注意力，认真学习先进物流技术，有表达自己观念的愿望，能提出意见和建议，与他人合作，共同完成实训活动。

任务描述

为了能够快速、安全地使用电子标签货架拣货，应事先掌握电子标签货架的操作方法，理解摘取式和播种式两种拣货的含义及其操作步骤。

北仑贝贝物流配送中心收到下属小港店、红联店、庐山路店三个门店的紧急拣货单（见表 2-4～表 2-6）。配送中心为了能在最短时间内以最快的速度完成拣货，决定利用配送中心内现有的电子标签货架进行拣货。

表 2-4　拣货单 1

门店名称	货物品名	货物数量
小港店	康师傅红烧牛肉面	5 箱
	康师傅 3+2 饼干	2 箱
	农夫山泉水	10 箱
	雪碧	4 箱
	恒康西瓜子	1 箱
	恒康小核桃	2 箱
	双汇王中王香肠	3 箱
	得力文件夹	20 个
	清风 200 抽餐巾纸	5 箱

表 2-5　拣货单 2

门店名称	货物品名	货物数量
红联店	超霸电池	10 盒
	奥利奥饼干	2 箱
	康师傅 3+2 饼干	4 箱
	康师傅纯净水	8 箱
	百事可乐	3 箱
	洽洽香瓜子	2 箱
	阿里山小核桃	4 箱
	双汇王中王香肠	2 箱
	得力文件夹	6 箱
	清风 200 抽餐巾纸	7 箱

表 2-6　拣货单 3

门店名称	货物品名	货物数量
庐山路店	中华 2B 铅笔	1 箱
	海飞丝洗发水	2 箱
	统一方便面	3 箱
	公牛插座	30 个
	农夫山泉水	6 箱
	统一鲜橙多	3 箱
	恒康西瓜子	2 箱
	贝发圆珠笔	1 箱
	双汇王中王香肠	3 箱
	得力文件夹	2 箱
	清风 200 抽餐巾纸	5 箱

任务实施

一、摘取式拣货实训项目

1．任务准备

一人坐在计算机旁边，一人站在电子标签货架旁边，一人准备好手推车和周转箱。电子标签拣货场地如图 2-25 所示。

（1）岗前准备。

1）打开电源，启动电子标签拣货系统。

2）准备手推车一辆、物流盒一个。

图 2-25 电子标签拣货场地

（2）拣货员职责。

1）根据订单要求，从电子货架上将所需要的商品分拣出来，放到发货场指定的位置，以备发货。

2）熟练操作拣货作业，认真完成每日的拣货作业任务。

3）做出拣货出库实训总结和报告。

4）做好电子拣货设备的定期检查，发现设备出现不良状况及时向维修人员报告。

2．任务过程

（1）组内分工：将组内三人进行岗位分工，一人作为订单处理员，一人作为电子标签货架操作员，一人作为拣货员。

（2）分析订单：全组人员对指导教师发放的数张订单根据仓库商品的储存情况、商品的储位、商品的种类规格、出货的数量时间等进行分析，确定对订单的处理方式，意见统一后各就各位。

（3）处理订单：订单处理员根据组内人员讨论的结果，对订单进行适当的处理，然后交给电子标签货架操作员。

（4）电子标签货架操作：电子标签货架操作员根据订单处理员处理后的订单，录入到软件系统中，将所需商品的拣货信息在电子标签上显示出来。

（5）拣货：拣货员根据电子标签货架的显示进行摘取式拣货，此时必须将所需的商品全部拣出后，才能到分货区根据指导教师给定的原始订单进行分货，一个客户一堆货。

（6）分货：当拣货员按照摘取式拣货将货物全部拣出后，组内所有人员都要参与分货。

（7）总结：组内人员根据本组的情况对任务实施的得失进行评价，并讨论使用电子标签货架拣货及摘取式拣货的优缺点。

二、播种式拣货实训项目

1．任务准备

一人坐在计算机旁边，一人站在电子标签货架旁边，一人准备好手推车和周转箱。

岗前准备工作如下：

（1）打开电源，启动电子标签拣货系统。

（2）准备手推车一辆、物流盒一个。

2. 任务过程

（1）组内分工：将组内三人进行岗位分工，一人作为订单处理员，一人作为电子标签货架操作员，一人作为拣货员。

（2）分析订单：全组人员对指导教师发放的数张订单根据仓库商品的储存情况、商品的储位、商品的种类规格、出货的数量时间等进行分析，决定对订单的处理，意见统一后各就各位。

（3）处理订单：订单处理员根据讨论结果，对订单进行适当的处理，然后交给电子标签货架操作员。

（4）电子标签货架操作：电子标签货架操作员根据订单处理员处理后的订单，录入到软件系统中，将所需商品拣货的信息在电子标签上显示出来。

（5）拣货：拣货员根据电子标签货架的显示进行播种式拣货（此时电子标签每个区代表着一个客户），然后根据订单所需的货物需要到手工货架上去拣取。

（6）分货：当拣货员将订单上的所需货物从手工仓库批次拣出后送到电子标签货架，拣货员将对应数量的商品分配到对应的标签位置的货架上，然后按确认键，熄灭标签，如此继续，一种货品播种完毕，再开始下一个货品的播种。

（7）总结：组内人员根据本组的情况对任务实施的得失进行评价，并讨论使用电子标签货架拣货及播种式拣货的优缺点。

任务评价

为更快地掌握电子标签拣货方式，我们将进行团队分组大比拼训练，步骤如下：

第一步：五人一组自由组合，选出组长。

第二步：进行组内分工，做好大比拼准备。

第三步：教师准备不同的拣货单，随机发给各个小组。

第四步：各组按要求完成下表中自我评价的填写，然后由教师对各组评价。

第五步：公布优胜团队，引导学生注意训练中的语言表达、团队合作问题等。

被考评人		考评地点		
考评内容				
考评标准	分值/分	自我评价/分	教师评价/分	实际得分/分
1. 正确掌握电子标签货架的结构	10			
2. 熟练操作电子标签拣货系统	10			
3. 根据拣货单信息合理选择拣货方式	20			
4. 团队合作、分工明确	10			
5. 能在不超过 30 种货物的前提下，拣货正确率大于 95%	50			
合　　计	100			

注：实际得分=教师评价×60%+自我评价×40%。

知识拓展

一、电子标签拣货系统的概念

1. 电子标签类型

电子标签是 RFID（Radio Frequency Identification）的俗称，术语为射频识别，又称为射频标签、应答器或数据载体，一般可分为普通电子标签和特殊电子标签两大类。

（1）普通电子标签一般由数字显示屏、声发生器、光发生器、确认按钮组成，并可根据实际需要选择字符长度和显示频率、发光颜色和声音强度等，如图 2-26 所示。

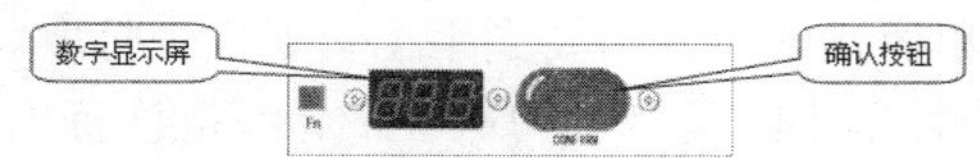

图 2-26　普通型电子标签

（2）特殊电子标签是指满足特殊需要的电子标签。

1）分段显示型电子标签在需要显示多组数字信息的场合中使用，如图 2-27 所示。

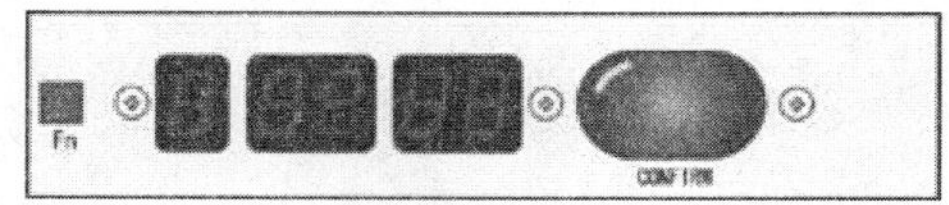

图 2-27　分段显示型电子标签

2）带增加和减少按钮的电子标签可用于盘点、提示补货等场所，如图 2-28 所示。

图 2-28　带增加和减少按钮的电子标签

2. 电子标签拣货系统

电子标签拣货系统是采用先进的计算机技术和通信技术开发而成的物流辅助作业系统，通常使用在现代物流中心货物分拣环节，具有拣货速度快、效率高、差错率低、无纸化、标准化的作业特点。电子标签拣货系统作为一种先进的作业手段，与仓储管理系统（WMS）和其他物流管理系统配合使用效率更高。

电子标签拣货系统是一组安装在货架储位上的电子设备，通过计算机与软件的控制，利用灯光与数字显示作为辅助工具，引导拣货工人员正确、快速、轻松地完成拣货工作。

（1）电子标签货系统特点如下：

1）提高拣货速度及效率，降低误拣率。电子标签借助于明显易辨的储位视觉引导，可简化拣货作业为“看”、“拣”、“按”三个单纯的动作，降低拣货人员思考及判断的时间。

2）减少拣错率并节省拣货人员寻找货物存放位置所花费的时间。

3）提升出货配送物流效率。

4）降低作业成本。除了拣货效率提高之外，因拣货作业所需熟练度降低，人员无需特别培训，即能上岗工作。

（2）电子标签拣货与传统拣货相比，具有以下不同之处：

1）传统表单拣货出现的问题：耗时长，差错多，操作人数多，依赖熟练工，临时工不固定，传票使用多，拣货数量不准确。

2）使用电子标签拣货的优势：拣货速度只需传统表单拣货时间的 1/2～1/3，操作人员也只有传统操作人员的 1/2～1/3，绝大多数人都可以上岗作业，实现无纸化手工作业，失误率降低到 0.03%～0.01%。

二、两种拣货方式

摘取式拣货就是将电子标签安装在储位上，原则上一个储位内放置一项产品，即一个电子标签代表一项产品，并且以一张拣货单为一次处理单位（一张订单在拣货时，必须根据操作人员用的拣选容器的容量分解成一张或几张拣货单）。订单中有订货商品所代表的电子标签会亮起，拣货人员依照灯号与数字显示将货品从货架上取出。

播种式拣货将一个电子标签代表一个订货厂商或者一个配送对象，也就是一个电子标签代表一张订单，以品项为一次处理单位，拣货人员先将货品的应配总数取出，电子标签会将订购此项商品的厂家所代表的电子标签点亮，工作人员按照电子标签的指示进行配货工作。

任务巩固

1．了解电子标签货架的概念。

2．了解电子标签货架操作的优势。

3．明确播种式拣货的注意事项。

任务四 自动化立体货架操作

任务目标

1．全面熟悉自动化立体货架的基本性能、结构模块。

2．熟练掌握自动化立体货架的操作。

3．了解自动化立体货架的概念、作用。

4．培养学生良好的团队合作和爱护教学设备意识，在竞赛学习中，提高学生的心理素质。

任务描述

随着科技突飞猛进，物流行业作为一个新兴行业，也正在使用越来越多的先进技术，自动化立体货架就是其中的一个先进设备。运用自动化立体货架应事先了解其基本结构、操作要求及用途。自动化货架是企业的一项重大投入，因此在操作中要做到认真、细致，确保设备的安全运行。

北仑职高物流实训中心新到一批教科书，为了做好这批教科书的防潮、防皱、防虫害等工作，决定将其存放在自动化立体货架中，并按要求从自动化立体货架中提取货物出库。现要求学生结合仓储软件，完成自动化立体货架的进出库流程。

任务实施

一、任务准备

自动化立体货架启动完毕，检查并确保各单元工作情况正常，禁止一切人员进入警戒线区域，进入计算机操作程序，准备操作，如图 2-29 所示。

图 2-29 自动化立体货架实训场地

1. 岗前准备

（1）准备一张入库单，供学生完成自动化立体货架的操作。

（2）将教科书分批装入物流盒中。

（3）准备物流盒若干、手推车一辆。

2. 岗位职责

（1）根据入库单要求，将入库商品放到货架的指定位置。

（2）熟练操作入库作业，认真完成入库作业任务。

（3）完成入库实绩总结和报告。

（4）做好自动化立体货架的定期检查，发现设备出现不良状况及时向维修人员报告。

二、任务过程

结合仓储软件，进行自动化立体货架进出库作业，步骤如下：

1．启动程序

打开计算机桌面的“组态网”及“条码机”两个程序，并运行组态网。

2．入库计划管理操作

打开仓储公司的“入库管理”模块中的“入库计划管理”项目，进入入库计划管理界面，点击表格最下方的“查看历史入库信息”按钮，进入计划列表管理界面（如图2-30所示），点击“查询”按钮便可查看到相关的入库计划信息。点击系统所自动生成的入库计划单编号，进行入库计划操作（如图2-31所示），指定客户名称、存仓编号（随意录入）、客户合同、结算方式、原收货单编号（随意录入）等相关信息，之后再点击货物信息的“编辑”按钮，在弹出的入库货物信息列表中指定计划件数、货物类别、存仓类型、货物价值等相关信息后并确认。将整个入库计划单的所有相关货物信息定义完整后，最后再点击“确认”按钮，确认此入库计划单据开始生效。点击表格最下方的“查看历史出库信息”，可以查看到以前所定义的相关入库货物信息。

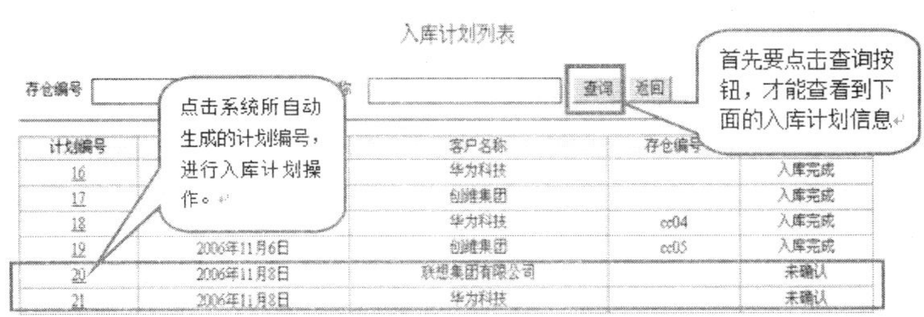

图2-30　入库计划列表管理界面

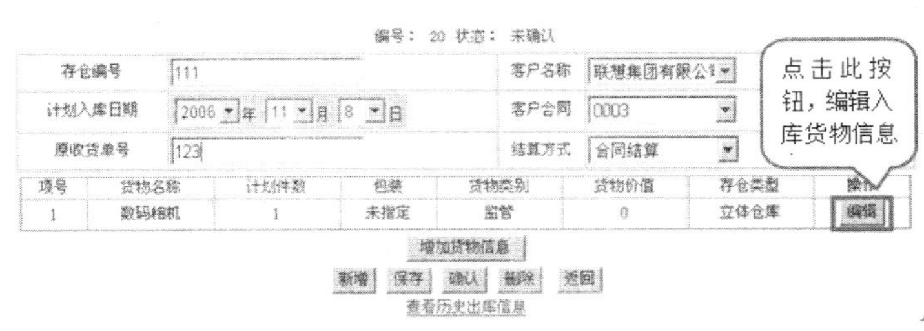

图2-31　货物信息管理界面

3．入库货物到达操作

打开仓储公司“入库管理”模块中的“入库货物到达”项目，进入在途入库计划列表界面（如图2-32所示），点击“查询”按钮便可查看到相关的入库计划单据。选定要做货物到达确认的单据编号，在弹出的界面点击“到达”按钮即可。

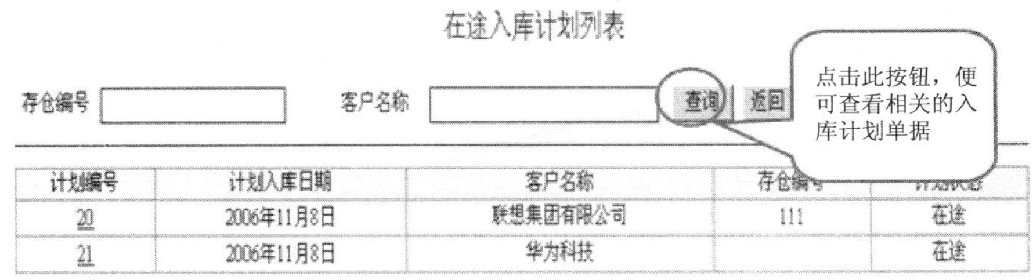

图2-32　在途入库计划列表查询界面

4．入库卸货操作

打开仓储公司“入库管理”模块中的“入库卸货”项目，进入待卸货入库计划列表界面（如图 2-33 所示），点击“查询”按钮便可查看到相关的入库计划单据。选定要做卸货确认的单据编号，在弹出的入库计划信息界面（如图 2-34 所示）设置好车牌号之后，再点击货物名称后面的“编辑”按钮指定货物的唛头、计量单位、卸货件数、生产日期等相关数据，最后确认此单据已经入库卸货。

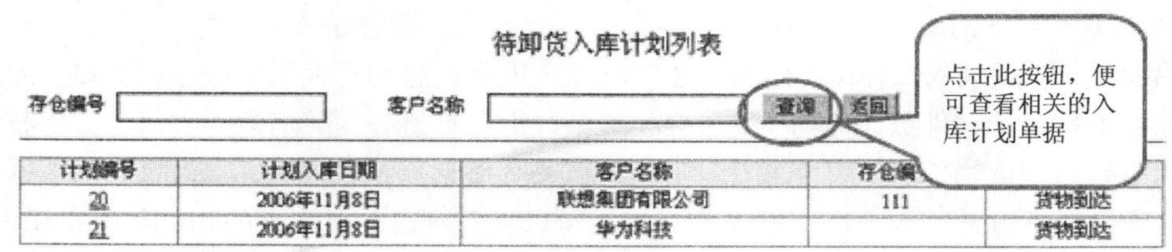

图 2-33　待卸货入库计划列表界面

待卸货入库计划信息

编号：20

存仓编号	111	客户名称	联想集团有限公司
卸货日期	2006 年 11 月 8 日	计划日期	2006/11/08
车牌号码	粤B-16888	原单据号	222

项号	货物名称	计划件数	卸货件数	卸货零数	生产日期	报损数	操作
1	数码相机	5	1	0		0	编辑

确认　返回

图 2-34　待卸货入库计划信息界面

5．入库作业分配操作

打开仓储公司“入库管理”模块中的“入库作业分配”项目，进入未分配入库计划列表界面（如图 2-35 所示），点击“查询”按钮便可查看到相关的入库计划单据。选定要做入库作业分配的单据编号，在弹出的界面点击“确认”按钮即可。

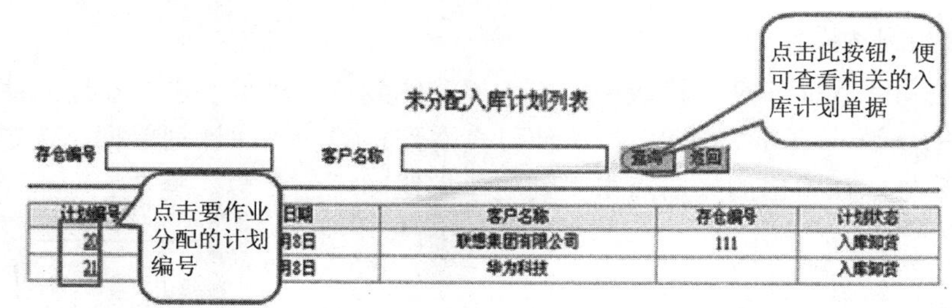

图 2-35　未分配入库计划列表界面

6．打印条码操作

在条码打印机处打印条码并贴在存放货物的物流盒上，如图 2-36 所示。

图 2-36　打印条码，贴在物流盒上

7. 入库作业确认操作

打开仓储公司“入库管理”模块中的“入库作业确认”项目，进入入库作业列表界面（如图 2-37 所示），点击要入库作业确认货物的“选择”按钮，在弹出的界面点击“确认”按钮即可。所有货物要逐一进行确认。

入库作业列表

货物名称	条形码	数量	存放区域	取货地址	存货地址	实际入库数	生成时间	操作
数码相机	2000000000558	一整件	立体仓库	入库台	L102[illegible]	[illegible]	[illegible]月8日	选择
数码相机	2000000000572	一整件	立体仓库	入库台	L102[illegible]	[illegible]	[illegible]月8日	选择
数码相机	2000000000596	一整件	立体仓库	入库台	L102[illegible]	[illegible]	[illegible]	选择
数码相机	2000000000619	一整件	立体仓库	入库台	L103[illegible]	[illegible]	[illegible]8日	选择
数码相机	2000000000633	一整件	立体仓库	入库台	L10302	0	2006年11月8日	选择
H3C网络交换机	2000000000657	一整件	立体仓库	入库台	L10101	0	2006年11月8日	选择
H3C网络交换机	2000000000671	一整件	立体仓库	入库台	L10102	0	2006年11月8日	选择
H3C网络交换机	2000000000695	一整件	立体仓库	入库台	L10103	0	2006年11月8日	选择
H3C网络交换机	2000000000718	一整件	立体仓库	入库台	L10104	0	2006年11月8日	选择
H3C网络交换机	2000000000732	一整件	立体仓库	入库台	L10106	0	2006年11月8日	选择

点击此按钮在弹出的界面点击“确认”即可

刷新　返回

图 2-37　入库作业确认界面

8. 自动化货架运行

在所有软件系统操作完毕后，将物流盒放在输送带上，自动化货架将按照程序自动进行货物入库，如图 2-38 至图 2-40 所示。

图 2-38　物流盒放到输送带上

图 2-39　物流盒经红外线扫描确认条码信息，进入堆垛机

图 2-40　堆垛机按照计算机指令，将物流盒放入指定储位

任务评价

为更快地掌握自动化立体货架的操作，我们将进行团队分组大比拼训练，步骤如下：

第一步：五人一组自由组合，选出组长。

第二步：团队进行组内分工，做好大比拼准备。

第三步：教师准备不同的入库单，随机发给各个小组，小组按要求完成入库操作。

第四步：各组完成自我评价表的填写，然后由教师对各组评价。

第五步：公布优胜团队，引导学生竞赛式的学习。

被考评人		考评地点		
考评内容				
考评标准	分值/分	自我评价/分	教师评价/分	实际得分/分
1．掌握自动化立体货架的基本性能、结构	20			
2．能通过软件，完成自动化立体货架操作	40			
3．在操作中遵守安全规定的操作	20			
4．小组合作、分工	10			
合　计	100			

注：实际得分=教师评价×60%+自我评价×40%。

知识拓展

一、自动化立体仓库概念

自动化立体仓库也叫自动化立体仓储，是物流仓储中出现的新事物，利用自动立体仓库设备可实现仓库高度合理化，存取自动化，操作简便化。自动化立体仓库是当前物流技术水平较高的形式。自动化立体仓库的主体由货架、巷道式堆垛起重机、入（出）库工作台和自动运进（出）及操作控制系统组成，如图 2-41 所示。货架是钢结构或钢筋混凝土结构的建筑物或结构体，货架内是标准尺寸的货位空间，巷道堆垛起重机穿行于货架之间的巷道中完成存、取货的工作，采用计算机及条码技术进行管理。

图 2-41　自动化立体仓库

1. 自动化立体仓库优点

（1）大大提高了仓库的单位面积利用率。

（2）提高了劳动生产率，降低了劳动强度。

（3）减少了货物处理和信息处理过程的差错。

（4）合理有效地进行库存控制。

（5）能较好地满足特殊仓储环境的需要。

（6）提高了作业质量，保证货品在整个仓储过程的安全运行。

（7）便于实现系统的整体优化。

2. 自动化立体仓库缺点

（1）结构复杂，配套设备多，基建和设备投资很大。

（2）货架安装精度要求高，施工比较复杂，周期长。

（3）储存货品的品种受到一定的限制，不同类型的货架仅适合于相应的储存货物，因此自动化仓库一旦建成，系统的更新改造比较困难。

3. 自动化立体仓库适用条件

（1）货品的出入库频率较大，且货物流动比较稳定。

（2）需要有较大的资金投入。

（3）需要配备一支高素质的专业技术队伍。

（4）对货品包装要求严格。

（5）仓库的建筑地面应有足够的承载能力。

二、自动化立体仓库的发展

自动化立体仓库系统最早出现在美国。20 世纪 50 年代初，美国开发了世界上第一个自动化立体仓库，并首先采用计算机进行自动化立体仓库的控制和管理。日本于 1967 年制造出第一座自动化立体仓库，并在此后的 20 年间推广了这一技术。进入 20 世纪 80 年代，自动化立体仓库在世界各国发展迅速，使用范围涉及几乎所有行业。

我国自动化立体仓库的发展与欧美、日本等发达国家相比起步较晚。国内第一座自动化立体仓库是郑州纺织机械厂冷作二车间的模具库，于 1974 年 2 月建成。

三、自动化立体仓库的种类

立体仓库的高度、货架形式、通道宽度都与传统仓库是不同的，仓库内设备的配置应与仓库的类型相适应。

1. 根据立体仓库的高度分类

（1）低层立体仓库高度在 5m 以下，主要是在原来老仓库的基础上进行改建的，是提高原有仓库技术水平的手段。

（2）中层立体仓库的高度在 5～15m 之间，由于中层立体仓库对建筑以及仓储机械设备

的要求不高，造价合理，是目前应用最多的一种仓库。

（3）高层立体仓库的高度大多在 15m 以上，由于对建筑以及仓储机械设备的要求很高，安装难度大，应用较少。

2．根据货架结构进行分类

（1）货格式立体仓库是应用较普遍的立体仓库，它的特点是每一层货架都由同一尺寸的货格组成，货格开口面向货架之间的通道，堆垛机械在货架之间的通道内行驶，以完成货物的存取。

（2）贯通式立体仓库又称为流动式货架仓库，这种仓库的货架之间没有间隔，不设通道，货架组合成一个整体。货架纵向贯通的通道具有一定的坡度，在每一层货架底部安装滑道、辊道等装置，使货物在自重的作用下沿着滑道或辊道从高处向低处运动。

（3）自动化柜式立体仓库是可以移动的小型封闭立体仓库，由柜外壳、控制装置、操作盘、储物箱和传动装置组成，主要特点是封闭性好、小型化和智能化、保密性强。

（4）条形货架立体仓库是专门用于存放条形和筒形货物的立体仓库。

任务巩固

自动化仓库的困惑

某药品配送中心建造了一座自动化高层货架仓库作为中间仓库，存放本地区各医院、药店所需的各种药品。此配送中心所存放的药品都是从药企采购过来的，然后运至该仓库。

该仓库分为高库和整理室两个部分。高库采用固定式高层货架与巷道堆垛机结构，从整理室到高库之间设有辊式输送机。当入库的货物包装规格不符合托盘或标准货箱时，则需要对货物的包装进行重新整理，这项工作在整理室进行。由于各种货物的包装没有标准化，因此整理工作的工作量相当大。

货物的出入库是运用计算机控制与人工操作相结合的人机系统。仓库建在整个配送中心的西北角，距离出库区较远，因此在自动化仓库与出库区之间需要进行二次运输，即将所需的药物先出库，装车运输到流通加工区再到出库区，然后才能进行装车发运。

自动化仓库建成后，这个先进设备在企业的生产经营中所起的作用并不理想，因此利用率也逐年下降，最后不得不拆除。

思考：

1．分析该企业建成的自动化仓库为什么没有发挥其应有作用的原因。

2．我们从中得到哪些启示？

项目三　外贸仓储货物入库作业

Project 3

任务一　绘制货物入库作业流程图

任务目标

1．熟悉货物入库作业操作流程。

2．了解各步骤的注意事项。

3．能根据不同作业单位的设施、设备、作业量等，独立地设计出入库作业流程图。

4．能使学生以一个货物入库流程设计策划者的角色投入到实训活动中，培养学生分析问题、处理问题的能力。

任务描述

商品入库业务是仓储作业的开始，是根据商品入库凭证在接收入库商品时所进行的卸货、查点、验收、办理入库手续等各项业务活动的计划和组织。作业人员应该如何根据仓储合同或者入库单设置入库作业流程？如何与仓库业务部门、仓库管理部门、设备作业部门进行衔接，以便货物能按时入库，确保入库过程顺利进行？

宁波天龙物流有限公司靠近海关监管仓库，每月集装箱货物装箱量一般都在 3 000 个标箱左右。假设你是入库主管，请为天龙物流设计一个货物入库作业流程。

任务实施

一、任务准备

1．岗前准备

（1）掌握仓库的库场情况，了解在货场入库期间和保管期间仓库的库容、设备、人员的变动情况，以便安排工作。

（2）对仓库进行清查，清理仓位，以便获得更多的仓库容量。

（3）合理组织人力，保证工作人员及时到位。

2．入库主管职责

（1）建立仓库管理制度和作业规范。

（2）设置与管理货物的进出库流程。

（3）根据物料流动速度，拟定合理库存标准。

（4）向客户说明仓库的责任与义务，与客户签订仓储保管合同。

二、任务过程

根据天龙物流实际的作业要求，结合查阅各种资料，入库主管设计货物入库作业流程的步骤如下：

（1）掌握入库货物情况，必要时向存货人询问，了解入库货物品种、规格、包装状态、货物特性、到库时间、存货时间及保管要求。

（2）熟悉一般货物入库作业流程，如图 3-1 所示。

1）入库主管收到接货通知后，按照货物到货时间、数量、品种、规格、性质等要求制订入库计划，准备人员、货物摆放场所、搬运设备等。

2）货物到达后，入库主管安排仓库理货员按规定进行接货，与送货单位办理相关交接手续。

3）入库主管负责审核货物单据是否齐全；若发现单据不全，应将货物存放暂存库，并及时通知相关人员。

4）单据齐全无误后，对现场货物进行数量核对，并记录货物数量。

5）入库主管确认货物验收无问题后，在进仓单上签字确认。

6）仓库理货员根据货物分类安排货物储存并进行合理摆放。

7）入库主管填写入库单，建立入库台账，并将相关信息转至财务部更改财务库存账。

8）入库单及相关单据上报总经理审批后，更新库存台账。

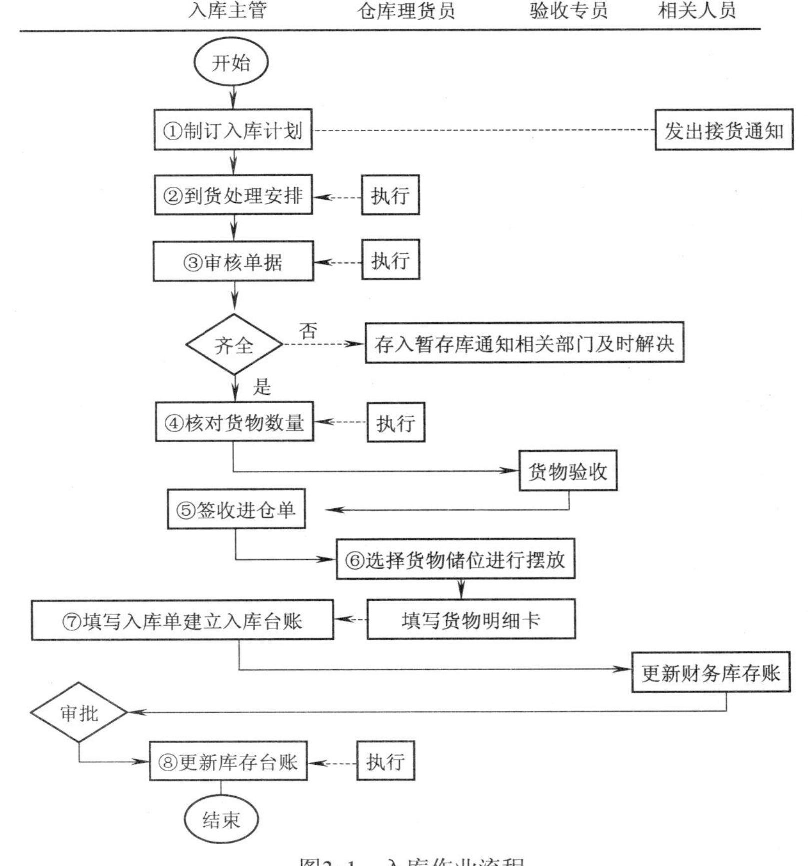

图3-1　入库作业流程

(3)结合本次入库货物特性及要求，根据入库作业一般流程编制本次货物入库作业流程。

(4) 及时与各相关部门联系，合理安排作业人员，以保证本次作业的顺利完成。

任务评价

为帮助学生准确、快速地掌握货物入库作业流程，我们将进行团队大比拼训练，步骤如下：

第一步：两人一组自由组合，共同进行流程设计。

第二步：教师在多媒体设备上列出货物数量、作业场地等关键信息，要求各组学生设计出合理的流程。

第三步：各组按要求完成设计，并完成下表中自我评价的填写，然后由教师对各组评价。

第四步：公布优胜组，引导学生多角度思考问题、团队合作的能力等。

被考评人		考评地点		
考评内容				
考评标准	分值/分	自我评价/分	教师评价/分	实际得分/分
1. 熟悉货物入库作业操作流程	30			
2. 了解各步骤的注意事项	20			
3. 30 分钟内设计出一个合理的货物入库流程	40			
4. 团队分工，协作情况	10			
合　计	100			

注：实际得分=教师评价×60%+自我评价×40%。

知识拓展

一、保税仓库与出口监管仓库

保税仓库与出口监管仓库的对比要点，见表 3-1。

表 3-1　保税仓库与出口监管仓库对比

名　称	保税仓库	出口监管仓库
含义	海关批准设立，存放保税货物及其他未办结海关手续的货物	海关批准设立，存放已办结出口手续货物、保税货物配送、提供流通增值服务的海关专用监管仓库
分类	公用型、自用型、专用型	出口配送型仓库、国内结转型仓库
存放货物范围	1. 加工贸易进口货物 2. 转口货物 3. 供应国际航行船舶和航空器的油料、物料、维修零部件 4. 供维修外国产品所进口寄售的零配件 5. 外商进境暂存货物 6. 未办结海关手续的一般贸易进口货物 7. 经海关批准的其他未办结海关手续的进境货物 禁止：国家禁止类和限制类进境货物、其他规定的货物	1. 一般贸易出口货物 2. 加工贸易出口货物 3. 其他海关特殊监管区域、场所转入的出口货物 4. 其他海关已办结海关出口手续的货物 5. 出口配送型仓库还可以存放为拼装出口货物而进口的货物（此货物免税、免证） 禁止：国家禁止、限制进出境货物、其他规定的货物
设立条件	1. 工商注册登记、具法人资格 2. 300 万元人民币 3. 向海关缴纳税款能力 4. 经营特殊商品存储，持有规定的特殊许可证件 5. 经营备料保税仓库的加工贸易企业，年出口额最少 1 000 万美元 6. 具有专门的存储保税货物的场所并达到设立要求	1. 工商注册登记、具法人资格 2. 300 万元人民币 3. 向海关缴纳税款能力 4. 具有进出口经营权、仓储经营权 5. 具有专门存储货物的场所并达到设立要求

（续）

名　　称	保 税 仓 库	出口监管仓库
设立要求	1．布局要求，安全隔离、监管设施，办理业务必备设施，计算机管理系统并与海关联网，管理制度，会计制度，符合各项法律、行政法规及有关规定 2．最低要求：(1)公用型仓库、寄售维修仓库 2 000m² (2）液体危险品仓库 5 000 m²	1．安全隔离、监管、办理业务必备设施；计算机管理系统并与海关联网；管理制度、会计制度；产权证或5年以上租赁合同；消防；符合各项法律、法规的规定 2．最低：（1）出口配送型 5 000m² （2）国内结转型 1 000m²
申请流程	企业（书面申请）→主管海关（审核 20 个工作日内，不符合要求的 5 个工作日内一次性告知补充）→初审意见→直属海关（20 个工作日内审查）→出具批准文件（有效期 1 年）→30 日内报总署备案	企业（书面申请）→主管海关（审核 20 个工作日内，不符合要求的 5 个工作日内一次性告知补充）→初审意见→直属海关（20 个工作日内审查）→出具批准文件（有效期 1 年）→向海关申请验收合格→直属海关注册登记核发“中华人民共和国出口监管仓库注册登记证书”，运营有效期3年

二、保税仓库与出口监管仓库报关程序及监管要点

保税仓库与出口监管仓库报关程序及监管要点对比见表 3-2。

表 3-2　保税仓库与出口监管仓库报关程序及监管要点对比

<table>
<tr><th>名称</th><th colspan="3">保 税 仓 库</th><th colspan="3">出口监管仓库</th></tr>
<tr><td rowspan="7">报关程序</td><td rowspan="2">进库</td><td colspan="2">与进境地同一地点：免证，收货人或代理人办进口报关手续，现场放行，转保税仓库</td><td rowspan="2">进仓</td><td colspan="2" rowspan="2">1．发货人或代理人→主管海关→出口报关手续（交税、交证）
2．提交必需单证及仓库经营企业填制的“出口监管仓库货物入仓清单”
3．入仓即退税或实际离境后退税
4．可办集中报关</td></tr>
<tr><td colspan="2">与进境在不同地点：收货人或代理人</td></tr>
<tr><td rowspan="5">出库【逐一、集中皆可】</td><td rowspan="2">进口报关</td><td rowspan="2">1．转关→直接在口岸地海关办理异地传输报关手续
2．用于加工贸易→加工贸易企业或代理人→加工贸易进口报关程序
3．用于特定减免税地区、企业、用途→此企业或代理人→特定减免税进口报关程序
4．进入国内市场或其他方便→收货人或代理人→一般进口货物办进口报关</td><td rowspan="3">出仓</td><td>出口报关</td><td>1．仓库经营企业、代理人→必备单证和“出口监管仓库货物出仓清单”→主管海关
2．出境口岸不在仓库主管海关的，可在口岸地办理，也可以在主管海关办理
3．实际离境退税的签发“出口货物报关单”退税证明联</td></tr>
<tr><td rowspan="2">进口报关</td><td rowspan="2">1．用于加工贸易→加工企业或代理人→按加工贸易货物报关程序办理
2．用于特定地区、企业、用途→享受企业或代理人→特定减免税报关程序办理
3．进国内市场或其他方面→收货或其代理人→一般进口货物办理</td></tr>
<tr><td>出口报关</td><td>转口或退运到境外→保税仓库经营企业或代理人→一般出口货物报关程序办出口报关（免税、免证）</td></tr>
<tr><td rowspan="2">集中报关</td><td rowspan="2">出库批量少、频繁的，经批准可办定期集中报关手续</td><td>结转</td><td colspan="2">出口监管仓库之间，出口监管仓库与保税、出口加工区、保税物流园区、保税物流中心、保税仓库等特殊监管仓库、专用监管场所之间可以进行货物流转，办理结转报关</td></tr>
<tr><td>更换</td><td colspan="2">因质量原因要更换的，被换货物出仓前，更换货物先入仓；商品编码、品名、规格型号、数量、价值相同</td></tr>
<tr><td>监管报关要点</td><td colspan="3">1．储存货物期限 1+1 年
2．属海关监管货物未批准和办有关手续不得出售、转让、抵押、质押、留置、移作他用或进行其他处置
3．损毁或灭失的，仓库要缴纳损毁、灭失货物的税款，并承担相应责任（不可抗力除外）
4．可进行简单加工（包装、分级分类、印刷运输标志、分拆、拼装）
5．每月 5 日前以电子数据和书面形式向主管海关申报</td><td colspan="3">1．储存货物期限 6+6 个月
2．未经海关批准并办理相关手续，不得出售、转让、抵押、质押、留置、移作他用或者进行其他处置
3．损毁、灭失的，仓库要缴纳损毁、灭失货物的税款，承担相应责任（不可抗力除外）
4．可进行品质检验、分级分类、分拣分装、印刷运输标志、改换包装等流通增值服务
6．如实填写有关单证、仓库账册；记录业务活动、财务状况；编制月度进出，转、存情况表、年度会计报告，定期报送主管海关
7．专库专用，不得转租、转借，不设分库</td></tr>
</table>

任务巩固

入库作业组织与设计

天龙物流公司是一家仓储配送企业，设有业务部和仓储部。仓储部设有主管、副主管、保管员、商品检验员（必要时可抽调仓管员担任检验员）、出库理货员、叉车驾驶员、搬运工（一般可进行堆码和手动托盘搬运叉车及堆高作业）。运营仓库有 A、B、C 三个仓库，其中 B 仓库为托盘货架仓库，A 仓库和 B 仓库建有高 1.2m 的装卸月台；常用装卸搬运设备有叉车、手动托盘搬运叉、电动托盘搬运叉车、堆高车、升降平台、双面四向托盘和单面双向托盘若干（规格尺寸为 1 200mm×1 000mm，要求堆码高度不超过 1.4m）。

天龙物流公司向港腾公司下达订单，要求港腾有限公司于 2 月 5 日运送一批美汁源饮料（规格尺寸均为 385mm×258mm×235mm，允许堆码层数为 8 层）至天龙物流公司 A 仓库。现在是 2 月 4 日，业务员与港腾有限公司及送货司机联系后确定，货物将于 2 月 5 日 10 时送达华信物流公司，送货车辆车厢底部距地面 1.4m。经查实 A 仓库 3 号月台 10 时至 11 时 30 分可以安排作业，由于入库理货区场地不够，现要求将货物卸车后马上送至储存位置。设备有电动平衡叉车 1 台、电动托盘搬运叉车 2 台、手动托盘搬运叉车 5 台及堆高车 8 台、升降平台、双面四向托盘和单面双向托盘若干。

请根据以上资料，完成如下任务：

（1）设计该批货物入库作业方式。

（2）确定货物入库的流程。

任务二　进出卡口作业

任务目标

1. 熟悉英赛特仓储管理系统。
2. 理解货物进出仓单据上的信息。
3. 熟练掌握物流仓储管理软件在进出仓作业中的作业程序。
4. 能让学生体会到物流作业的先进技术，营造互相学习、互相比拼的学习氛围。
5. 通过货物的入库，培养学生在物流工作必备的细致与全局观念，懂得物流作为服务行业，服务细节决定了客户的满意度。

任务描述

随着信息技术的迅速发展，仓储管理软件在物流行业的应用越来越广泛，同时也极大地提高了物流作业的效率。那么，外贸仓储企业在进出卡口处都在使用什么样的仓储软件呢？

操作方法又是怎样的呢？

宁波天龙物流公司每月接收的货物越来越多，为了提高货物卡口进出的效率，同时提高客户的满意度，现要求用英赛特仓储管理软件对货物进行卡口进出仓作业处理。

任务实施

一、任务准备

1. 岗前准备

（1）开启计算机，检验英赛特仓储管理系统能正常运行。
（2）准备若干进仓单、出仓单，供学生操作。

2. 输单员职责

（1）正确操作计算机，准确无误地输入进出仓货物信息，收取进出仓费用。
（2）工作认真细致、快捷高效。
（3）严格按照工作流程操作，单据保存完好。
（4）严格检查理货员单据的填写情况，对不符合规范的有权拒入。
（5）保持工作区域的整洁及计算机的保养维护工作。

二、任务过程

1. 进仓系统操作流程

（1）进入英赛特仓储管理系统（WMS），点击“进仓管理”，如图 3-2 所示。
（2）点击“新增”（快捷键 Alt+E+Enter），进入“常规”栏，如图 3-3 所示。

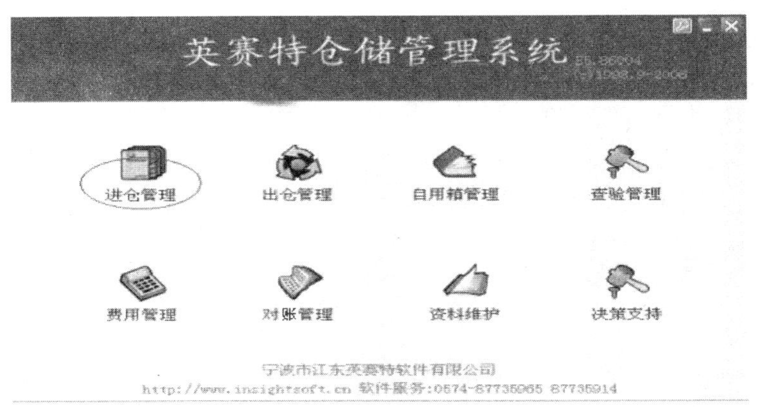

图3-2　英赛特仓储管理系统界面

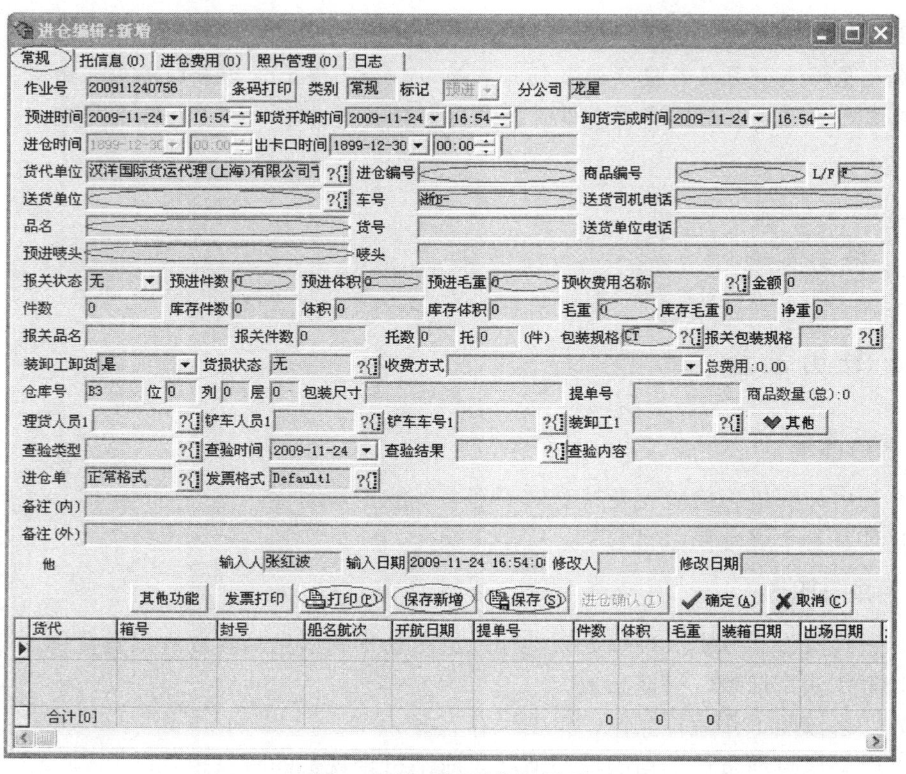

图3-3　进仓管理常规界面

（3）在货代单位栏内输入货代单位，可以用简写，再按回车键。例如进仓编号开头为CSM，货代单位为上海汉联，输入“SHHL”，再按“Enter”键。

（4）依次输入进仓编号、商品编号（HS编码）、L/F、送货单位、车号、送货司机电话、品名、预进唛头、预进件数、预进体积、预进毛重、包装规格（CT、PU、WG、PL、SK）。

（5）录入并确认好后，点击“打印”（快捷键Alt+P+空格），再按“Esc”键。若一车多票，点击“保存新增”，输入完成后按快捷键“Alt+A”保存。

2．出仓系统操作流程

（1）进入英赛特仓储管理系统（WMS），点击“进仓管理”。

（2）在查询栏内，点击车号，输入车号的后三位数字（例如011）；在状态栏内，点击“全部”，调整好查询日期（例如2009-10-9），点击“近似查找”，如图3-4所示。

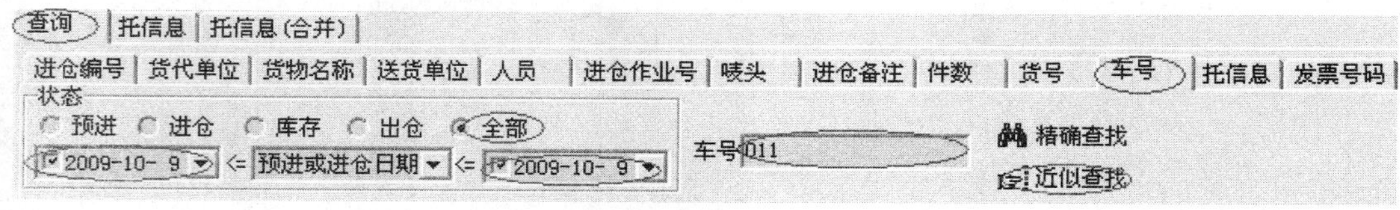

图3-4　查询栏操作

（3）对照入库凭证的作业号，双击打开对应的信息。

（4）核对编辑窗口内“常规”栏下的作业号（如图3-5所示），若无误，查看该编辑窗口备注（内）空格中的信息，若无特殊要求，则点击“托信息”项目栏。

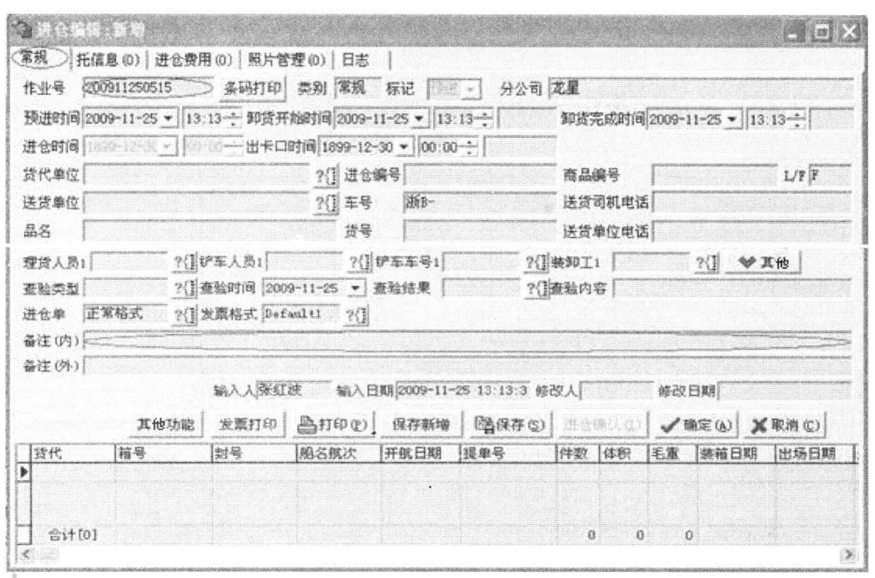

图3-5　核对作业号

（5）点击“新增”，对照入库凭证上理货员书写的信息，依次输入货号（PO#）、款号（SKU#、国别）、件数、长、宽、高、每箱毛重、托数，选择相应的体积计算，对输入的信息进行保存（快捷键 Alt+S），如图 3-6 所示。若有多种规格货物，需要再次输入的，点击“新增”（快捷键 Alt+N），重复以上操作。

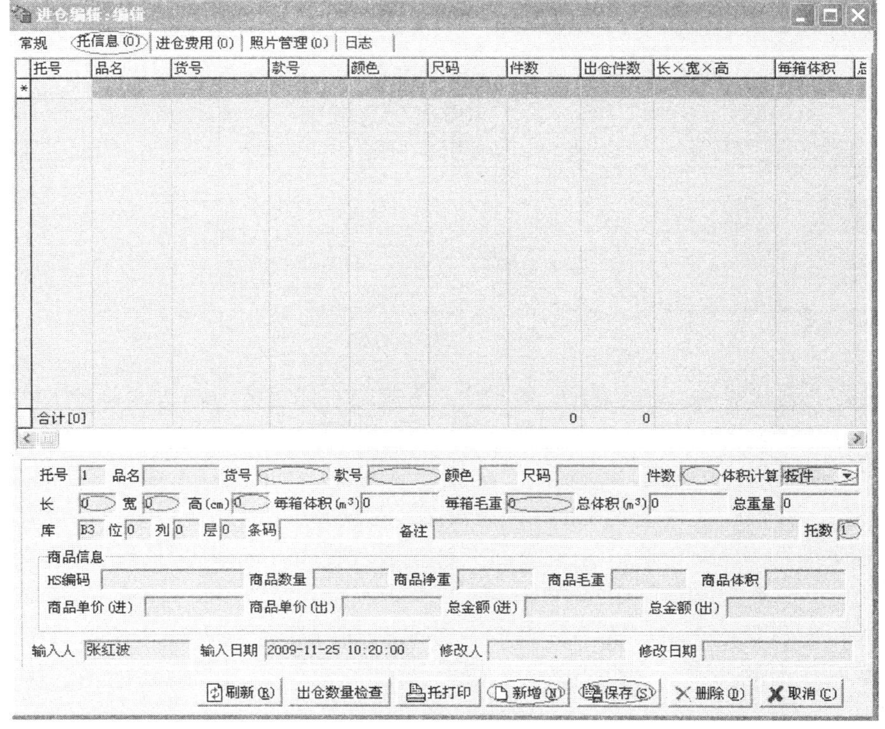

图3-6　输入托信息

（6）进入“常规”栏，根据入库凭证上的信息，选择收费方式，点击“发票打印”（入库凭证上勾选箱式普通的，选择厢式车；勾保税普通或保税托盘的，分别选择保税普通货物、保税托盘货物；勾箱式或普通非普通的，选择对应的非普通收费方式），如图 3-7 所示。

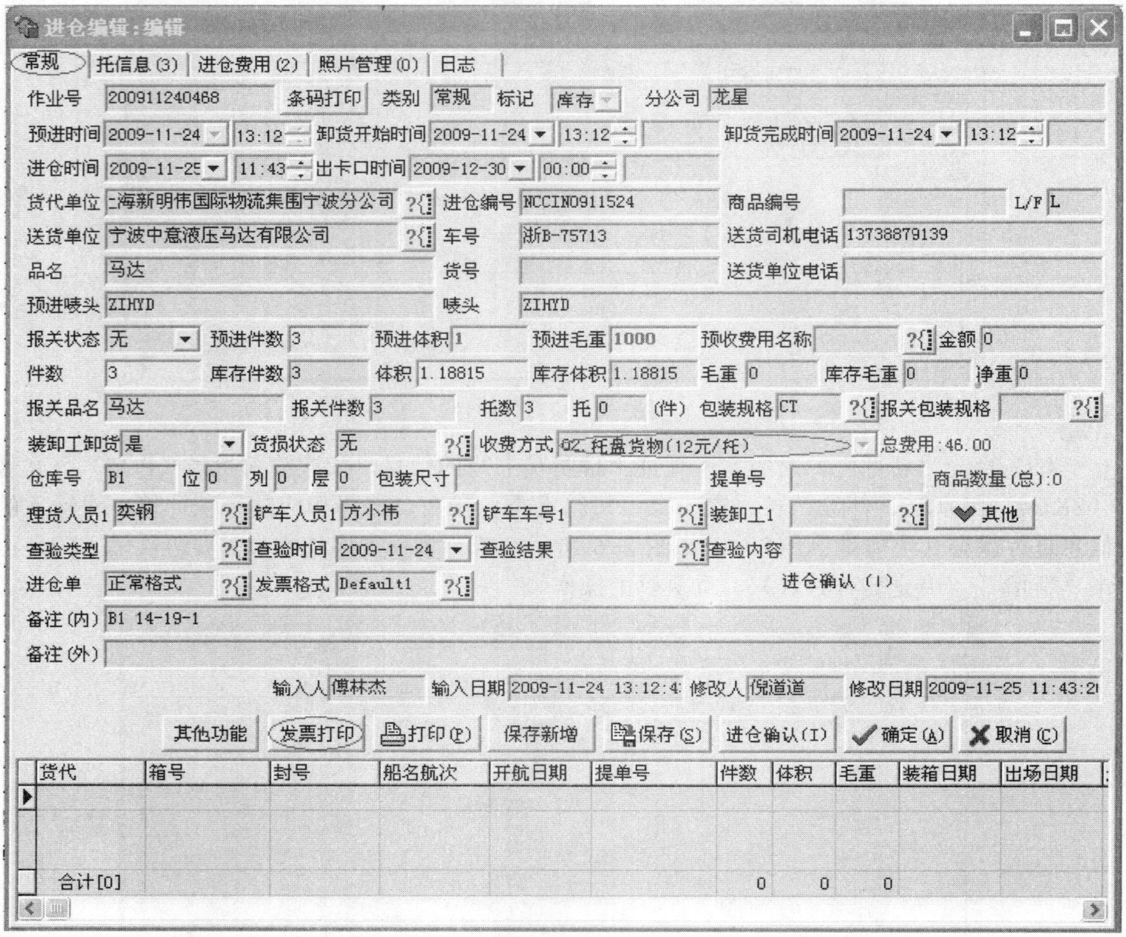

图3-7　发票打印

（7）进入“进仓费用”栏，点击“新增”，在费用名称空格内输入输单费（可输入 SDF1，然后按“Enter”键），单价处输入 10，选择兑现结束为 TURE，保存（各个空格间可敲击“Enter”键）。若有其他费用，可再按“新增”（快捷键 Alt+N），依次输入费用名称、单价、数量，选择兑现结束，并保存（快捷键 Alt+S），如图 3-8 所示。

（8）再次进入“常规”栏，在对应的空格内输入唛头、理货人员 1、铲车人员 1、装卸工 1，若以上人员不止一个，则点击“其他”，依次输入对应操作人员；在备注（内）空格中输入仓位和理货员的备注，若入库凭证上实际理货仓位的仓库号与计算机中仓库号不一致，以入库凭证上的为准，并将仓库号中的信息改正后，点击其他功能中的保存（快捷键 Alt+S），进仓确认（快捷键 Alt+I），如图 3-9 所示。

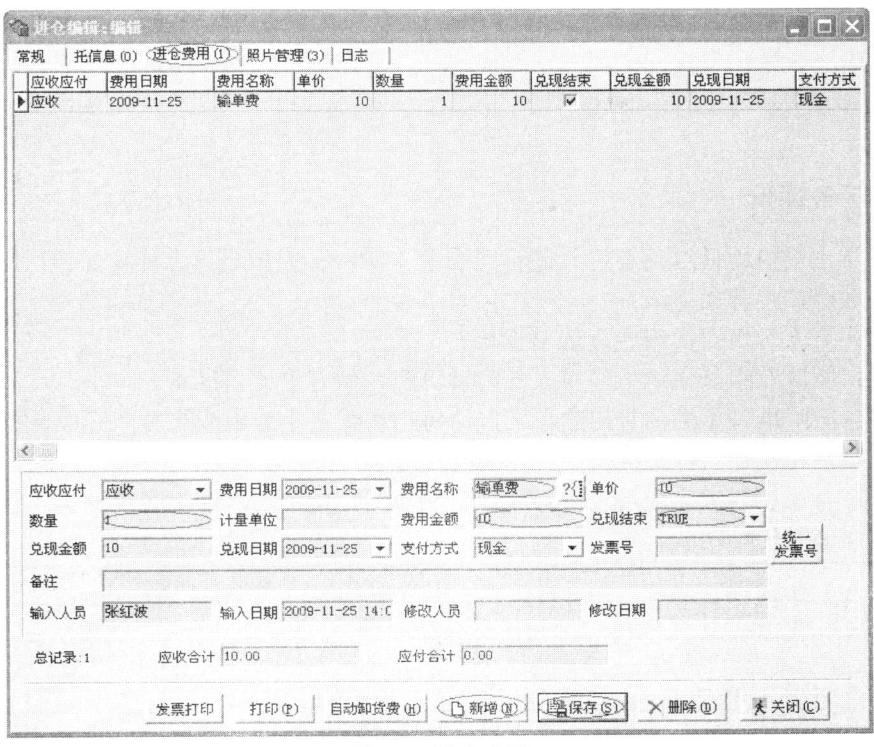

图3-8　进仓费用

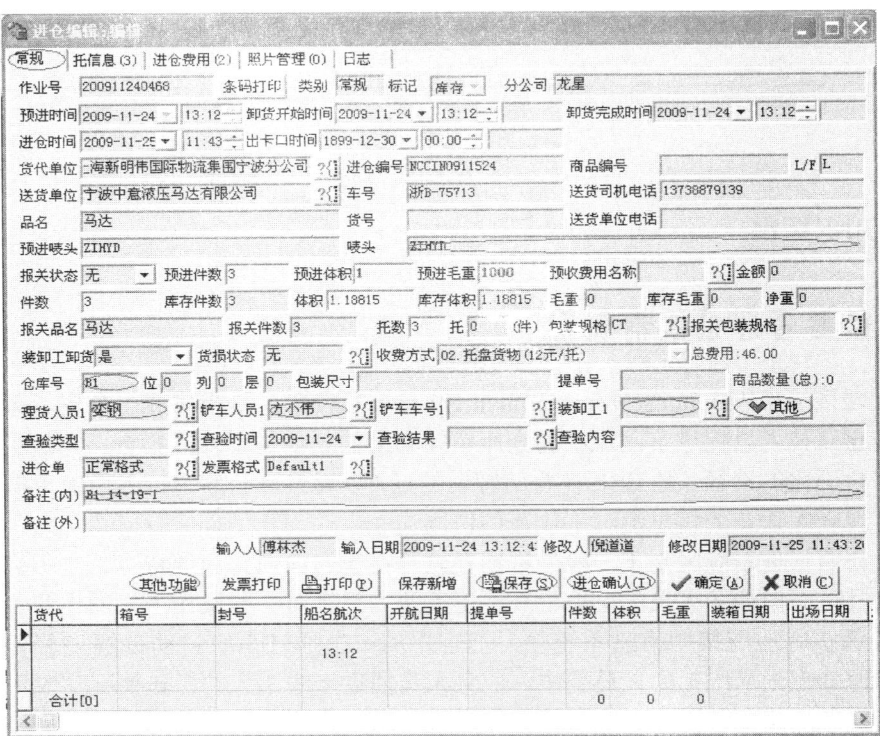

图3-9　再次输入常规信息

如果打回单的人较多，完成第（7）步后，点击“确定”或“取消”，或直接按快捷键“Alt+A”或快捷键“Alt+C”即可将编辑窗口关闭，等驾驶员走后再进行第（8）步。

任务评价

为帮助学生更快地通过英赛特仓储管理系统（WMS）完成进出仓作业操作，我们将进行团队大比拼训练，步骤如下：

第一步：五人一组自由组合，选出组长。

第二步：团队在组长组织下，每人一台计算机，做好大比拼准备。

第三步：教师准备不同的进出仓单，发给每个小组，小组内成员独立完成单据操作，事后小组内成员互相检查，提高准确率。

第四步：各组按要求完成下表中自我评价的填写，然后由教师对各组评价。

第五步：公布优胜团队。

被考评人		考评地点			
考评内容					
考评标准		分值/分	自我评价/分	教师评价/分	实际得分/分
1. 熟悉英赛特仓储管理系统		20			
2. 看懂货物进出仓单据上的信息		20			
3. 通过物流仓储管理软件熟练完成进出仓作业		50			
4. 小组合作、分工、互助情况		10			
合　　计		100			

注：实际得分=教师评价×60%+自我评价×40%。

知识拓展

一、仓储管理系统的概念

仓储管理系统（Warehouse Management System，WMS）是指集成了条码、无线通信、循环盘点等仓储技术以促进货品流动和仓库空间利用的软件与硬件的集合。它是实现物流仓储信息化和自动化的途径，是ERP在仓储管理的延伸，通过对仓库进行入出库单据管理和货位管理，实现仓库作业的信息流与工作流的协同。

此外，仓储管理系统区别于一般的进销存软件在于它面向作业的特点。一个好的仓储管理系统不仅具备面向业务人员的单据管理，更重要的是针对一线操作工人的作业管理，将一线的操作人员实时地连接到信息系统中，把客户的要求通过系统自动分解为若干个操作任务，并动态地分配到一线工作人员手中，业务人员通过一线工人的操作情况实时汇总并调节业务流量，实现配送中心有序、高效地运转。

仓储管理系统出现于20世纪70年代中期，此后发展迅速。它源于传统的进销存管理系统，在此基础上拓展并增加了各种新型功能。仓储管理系统不仅整合设备系统，也整合工艺流程系统，还融入到更大范围的企业整体信息化系统中去。目前仓储管理系统国内外应用情况大致可以总结为以下几点：

1．用户日益增多

通过比较一套包括软硬件和安装仓储管理系统 2005 年和 2010 年的价格，可以知道仓储管理系统价格已经有了大幅下降。2005 年平均价为 51 万美元，2010 年 1 月调查 51 家仓储管理系统供应商，这一价格降为 27.5 万美元，下跌接近 46%，这主要是由于市场竞争和电子技术的升级导致的。据中国电子商务杂志报道，某洁具生产厂的配送中心使用仓储管理系统后，仓储费用每年节约 139.3 万元，其全部投资在 14 个月内收回。

2．未来市场需求前景良好

有关统计资料也表明，2005 年全球仓库管理系统软件的销售额为 8.4 亿美元，到 2010 年达到 16 亿美元，年均增长率达 14.6%。

二、宁波某物流公司入库货物收费标准

进出卡口输单作业中，尤其要注意对不同类别货物的填写，因为涉及的费用相差较大，见表 3-3。

表3-3　入库货物收费标准

序　　号	项　　目	服 务 内 容	单　　位	价格/元	作 业 形 式
1	卸车费	普通货物	m^3	10～15	—
		厢式车普通货物	m^3	10～15	
		托盘货物	托	10～15	
		非单人操作货物	m^3	10～15	
		保税普通货物	m^3	15	
		厢式车保税普通货物	m^3	15	
		保税托盘货物	托	15	
		保税非单人操作货物	m^3	15	
		集装箱装货进仓	m^3	15（托盘 20 元/托）	免收拆箱费 吊机费
2	输单费	—	票/次	10	—
3	出仓费	集装箱装货出仓	m^3	20 元/m^3	免收吊机费
4	困难 作业费	超重货物	超过 2.5t 货物	按货物实际重量减去 2.5t×100 元	—
		超长货物	长/宽/高/其中任何一项超过 2m	15 元/m^3	人工搬运
		超长货物	长/宽/高/其中任何一项超过 2m	20 元/铲	铲车搬运
		超长货物	长/宽/高/三项全部项超过 2m	100 元/铲	铲车搬运
		管状货物	重量<50kg	每捆 15 元	人工搬运
		管状货物	重量<2.5t	每捆 15 元	铲车搬运
		袋状货物	重量<2.5t	每袋 15 元	铲车
		大件非正常包装	重量<50kg	15 元/ m^3	人工搬运
		厢式车托盘拉出	托	20	—

（续）

序号	项目	服务内容	单位	价格/元	作业形式
5	特殊服务费	更换外包装	每箱	2	特殊情况 5 箱内可以免费提供
		捆货（二件捆成一件，费用按一件计算）	封箱带捆货每箱	2	
			用薄膜捆货每箱	5	
		纸箱打包（用薄膜）	每箱	5	
		纸箱打包（用包装带）	每箱	5	
		放空盒	每箱	按标准 10/15/20，50 箱以上 5/8/10	—
		挑唛费	每箱	2 元/箱，可以按照实际挑到的数量计费	特殊情况 1 元/箱
6	货物称重费	普通货物批量称重	$5m^3$ 以内 20 元，以后每增加 $1m^3$ 加收 2 元		
		单件货物称重	20 件以内 20 元，以后每增加 1 件加收 1 元		
		托盘货物称重	5 托以内 20 元，以后每增加 1 托加收 5 元（单件货物最高限重 3t）		
7	打托费	塑料托盘	托	180	1m×0.9m
		复合板托	托	180	1m×1.1m
		木托盘	托	120	1.1m×0.9m
		不提供材料只提供工具	托	40	人工打托
8	拆托费	外包装	托	20	—
9	薄膜缠绕费	外包装	托	20	—
10	更换空纸箱费	小号纸箱	只	10	35m×25m×20m
		中号纸箱	只	15	45m×30m×30m
		大号纸箱	只	20	65m×45m×45m
特别说明：卸车费和卸货时产生的困难作业费不能重复收取，只能按一种收取					

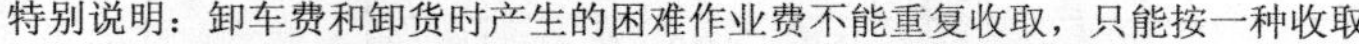

任务巩固

1. 对仓储企业而言，运用仓储软件存在哪些利弊？
2. 调查当地一些典型的外贸物流企业，找出其进出卡口作业流程存在的不同点。

任务三　货物接运与验收作业

任务目标

1. 了解基本的货物接运方式。
2. 掌握货物验收程序。
3. 能合理处理货物验收过程中出现的问题，以确保顺利完成入库作业。
4. 对仓储作业产生学习兴趣，准备投入到仓储企业活动中。培养学生归纳、总结的习惯，能够对货物信息进行分类、分析、处理。

任务描述

货物接运人员要熟悉货主和送货单位的制度和要求，根据不同的接运方式处理接运中可能出现的各种问题。同时，在商品进入仓库储存前，必须核对货物品名、数量，严格检查货物质量，抓好货物入库质量关，方可入库保管。货物入库验收是仓库把好“三关”（入库、保管、出库）的第一道环节，不仅能防止劣质商品流入流通领域，划清仓库与生产部门、运输部门以及供销部门的责任界线，还为货物在库场中的保管提供第一手资料。

宁波天龙物流公司预约部接到宝湖货代的货物入库预约通知，有一批将出口到美国的货物将到达天龙二号仓库，现要求天龙二号仓库人员做好货物的接运与验收工作。

任务实施

一、任务准备

1. 岗前准备

（1）服装：鞋、反光背心、安全帽。

（2）工具：板夹、笔、草稿纸。

（3）全面了解待验收货物的性能、特点和数量，根据其需求确定存放地点、垛形和保管方法。

（4）准备堆码苫垫所需材料和装卸搬运机械、设备及人力，以便使验收后的货物能及时入库保管存放，减少货物停顿时间；若是危险品，则需要准备防护设施。

（5）准备相应的检验工具，并做好事前检查，以便保证验收数量的准确性和质量的可靠性。

（6）收集和熟悉验收凭证及有关资料。

（7）进口货物或上级业务主管部门指定需要检验质量者，应通知有关检验部门会同验收。

2. 入库验收人员职责

（1）负责制订所有货物的入库验收作业规范，并监督实施。

（2）落实执行所有货物的入库验收工作，并如实填写相应的入库验收单，出具入库验收报告。

（3）妥善处理存在异常问题而不可入库的货物。

（4）识别和记录货物的质量问题，对供应商的包装、运输及其他方面提出改善意见或建改进建议。

（5）做好货物验收记录，对货物的验收情况进行统计、分析、上报。

二、任务过程

根据公司要求，结合货主的具体情况，入库验收人员按照以下步骤完成货物的接运与验

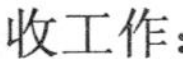

收工作：

1. 货物接运

外贸仓储货物基本都是由专门的送货单位通过公路运输直接运到仓库交货集中，再经过铁路、航运、空运等运输工作转运，这就需要仓库接运。接运的主要任务是及时而准确地接收货物，同时认真检查货物，在接运时分清破损责任。

2. 商品的验收程序

商品验收包括核对凭证、确定验收比例、实物检验、做出验收报告及验收中发现问题的处理。

（1）核对凭证。入库商品须具备下列凭证：

1）货主提供的入库通知单和订货合同副本，这是仓库接收商品的凭证。

2）供货单位提供的验收凭证，包括材质证明书、装箱单、磅码单、发货明细表、说明书、保修卡及合格证等。

3）承运单位提供的运输单证，包括提货通知单和登记货物残损情况的货运记录、普通记录以及公路运输交接单等，作为向责任方进行交涉的依据。

4）核对凭证，就是将上述凭证加以整理后全面核对。入库通知单、订货合同副本要与供货单位提供的所有凭证逐一核对，相符后才可以进入下一步的实物检验；如果发现有证件不齐或不符等情况，要与存货、供货单位及承运单位和有关业务部门及时联系解决。

（2）确定验收比例，是指根据货物的性质、数量信息，确定验收比例，全部验收或者按一定比例验收。

1）在进行数量和外观验收时一般要求全验。在质量验收时，当批量小、规格复杂、包装不整齐或要求严格验收时可以采用全验。全验需要大量的人力、物力和时间，但是可以保证验收的质量。

2）当批量大、规格和包装整齐、存货单位的信誉较高或验收条件有限的情况下，通常采用抽验的方式。商品质量和储运管理水平的提高及数理统计方法的发展，为抽验方式提供了物质条件和理论依据。

3）商品验收方式和有关程序应该由货代（或是货主）和仓库保管方共同协商，并通过协议在合同中加以明确规定。

（3）检验货物并填写相关单据。检验货物是仓储业务中的一个重要环节，具体包括复核货物数量是否与入库凭证相符，货物质量是否符合规定的要求，货物包装能否保证在储存和运输过程中的安全，也就是对货物规格、数量、质量和包装方面的验收。

1）对货物规格的验收主要是对货物品名、代号、花色和色样方面的验收。

2）对货物数量的验收主要是对散装货物进行称量，对整件货物进行数目清点，对贵重货物进行仔细的查收等。

3）对货物质量的验收主要包括货物是否符合仓库质量管理的要求，产品的质量是否达到规定的标准等。

4）对货物包装方面的验收主要包括核对货物的包装是否完好无损，包装标志是否达到规定的要求等。

具体商品入库验收单，见表 3-4、表 3-5 所示。

表 3-4 商品入库验收单

发货单位：　　　　　　　　　　　发货单号数：

订单编号：　　　　　　　　　　　年　　月　　日　　　　　　　　　存放仓库：

商品编号	品名	规格型号	包装细数	单位	单价	应　收		实　收	
						数量	金额	数量	金额
合计									

会计：　　　　　记账：　　　　　验收：　　　　　制单：

表 3-5　商品溢余短缺报告单

仓库：　　　订单号：　　　　日期：　年　月　日　　　　NO.

商品编号	品名	规格型号	包装细数	单位	单价	应收	实收	溢余	短缺	金额

溢余（短缺）原因：

处理意见：

仓库主管：　　　　　保管：　　　　　复核：　　　　　制单：

任务评价

为使学生能更快、更准确地掌握入库验收与接运作业，我们将进行团队大比拼训练，步骤如下：

第一步：五人一组自由组合，选出组长，选出一名学生代表。

第二步：学生从教师手中抽取入库货物信息。

第三步：各个学生按要求完成作业，同时完成下表中自我评价的填写，然后由教师对各个学生评价。

第四步：公布优胜学生，引导台下学生仔细观察、找出竞赛学生的不足之处等。

被考评人		考评地点		
考评内容				
考评标准	分值/分	自我评价/分	教师评价/分	实际得分/分
1．了解基本的货物接运方式	15			
2．能按要求合理、准确地进行货物验收程序	20			
3．能合理处理货物验收过程中出现的问题，以保证顺利完成入库作业	50			
4．小组合作下的观察能力	15			
合　计	100			

注：实际得分=教师评价×60%+自我评价×40%。

知识拓展

一、收发货标志概述

收发货标志也称包装识别标志，是主要供收发货人识别的标志，通常由简单的几何图形和字母、数字及文字组成，粘贴在货物运输包装的一定位置上。

内销产品的收发货标志包括品名、货号、规格、颜色、毛重、净重、体积、生产厂家、收货单位、发货单位等。

出口产品的收发货标志又称唛头，包括目的地名称或代号、收货人或发货人的代用简字或代号、件号、体积、重量以及原产国等。

1．收发货标志的特点

收发货标志的运用可使货物在装卸时易于识别，在制作单据时可节省时间和手续，防止贵重货物被偷窃，也使贸易竞争对手无法取得商品情报。

2．收发货标志的具体内容

（1）主要标志又称唛头，它是由一个简单的图形和一些文字组成。

（2）副标志，一般是在主要标志旁附加的某种记号，以区别同一批货物中的几小批或不同的质量等级。

（3）文字标志应根据国外客户要求，从中选取，如供货号（出口商品用合同号）、品名、规格、数量、毛重、生产日期、生产厂家、体积、有效期限、收货地点和单位、发货单位、运输号码、发运件数等。文字标志都要求中外文对照。外文一般用英文，英文要用大写字母。进口国有特殊要求的，按要求处理。中文都用仿宋体字；数字用阿拉伯数字。标志必须清晰、醒目，不脱落，不褪色。

（4）收发货标志内容见表3-6。

表 3-6　收发货标志

序　号	标志内容		含　义
	代号	中文	
1	FL	商品分类图示标志	表明商品类别的特征符号
2	GH	供货号	供应该批货物的供货清单号码
3	HH	货号	商品顺序编号
4	PG	品名规格	标明商品的规格、型号等
5	SL	数量	装入包装容器内的商品数量
6	ZL	重量（毛重、净重）	包装件的重量（kg）
7	CQ	生产日期	产品生产的年、月、日
8	CC	生产工厂	生产该产品的工厂全称
9	TJ	体积	包装件外形尺寸：长（cm）×宽（cm）×高（cm）=体积（m^3）
10	SH	收货地点和单位	货物到达站、港和某单位（人）收（可用贴签或涂写）
11	FH	发货单位	发货单位（人）
12	YH	运输号码	运输单号码
13	JS	发运件数	发运的件数

3. 商品分类的图示标志

商品分类的图示标志在收发货上可以清楚地了解货物类别。

（1）商品分类图标志尺寸见表 3-7。

表 3-7　商品分类图标志尺寸

包装件高度/mm	标志尺寸/mm	图形的主要参数/mm		备　注
		外框线宽	内框线宽	
500 及以下	50×50	1	2	平视距离 5m，标志清晰可见
>500～1 000	80×80			
>1 000	100×100			平视距离 10m，标志清晰可见

（2）商品分类图标志图形如图 3-10 所示。

图3-10　商品分类图标志

二、商品验收的基本要求

1. 及时

到库商品必须在规定的期限内完成验收入库工作。这是因为商品虽然到库，但未经过验收的商品没有入账，不算入库，不能供应给用料单位。只有及时验收，尽快出具检验报告才能保证商品尽快入库入账，满足用料单位的需求，加快商品和资金的周转。同时商品的托收承付和索赔都有一定的期限，如果验收时发现商品不合规定要求，要提出退货、换货或赔偿等请求，均应在规定的期限内提出。否则，供方或责任方不再承担责任，银行也将办理支付手续。

2. 准确

验收应以商品入库凭证为依据，准确地查验入库货物的实际数量和质量状况，并通过书面材料准确地反映出来，做到货、账、卡相符，提高账货相符率，降低收货差错率，提高企业的经济效益。

3. 经济

商品在验收时，多数情况下，不但需要检验设备和验收人员，而且需要装卸搬运机具和设备以及相应工种工人的配合。这就要求各工种密切协作，合理组织调配人员与设备，以节省作业费用。此外，在验收工作中，尽可能保护原包装，减少或避免破坏性试验，也是提高作业经济性的有效手段。

4. 严格

仓库的各方都要严肃认真地对待商品验收工作。验收工作的好坏直接关系到国家和企业的利益，也关系到以后各项仓储业务的顺利开展。因此，仓库领导应高度重视验收工作，直接参与验收人员要以高度负责的精神来对待这项工作，明确每批商品验收的要求和方法，并严格按照仓库验收入库的业务操作程序办事。

任务巩固

1. 什么是商品验收？它有哪些好处？
2. 简述入库货物验收工作中应注意的问题。

任务四　填写入库凭证

任务目标

1. 掌握入库凭证的填写规范。

2. 根据具体情况，能准确地填写入库凭证。

3. 熟悉货物的装卸搬运作业。

4. 在实际案例的讨论分析中，加强合作和交流，促使学生认识到单据填写中书写端正的重要性。

任务描述

填写入库凭证时，一定要字迹清晰工整，便于查看和入库系统登记。如果字迹不清楚，则无法辨别此票货物的相关信息，会给录单、配载和装箱等后续工作便来很多不便与影响。

现有一批外贸货物已确定放入天龙物流三号仓库，工作人员将在规定时间内完成入库凭证的填写，并转交相关凭证。

任务实施

一、任务准备

1. 岗前准备

（1）服装：鞋、反光背心、佩戴安全帽。

（2）工具：小票、草稿纸、笔、板夹。

2. 工作人员职责

（1）事先准备好相关入库凭证。

（2）待货物入库后，填写相关凭证。

（3）认真核实凭证与实物，做到物证相符。

二、任务过程

根据公司的日常作业要求，结合货物的具体情况，工作人员按照以下步骤完成入库凭证的填写与转交任务：

1. 填写入库凭证

（1）填写唛头。唛头一般为货物上最大最明显的英文字母标志，理货过程中遇到货物唛头较长时，一般抄写两行，若外箱包装上唛头只有一到两行时，则一般抄取 2～10 个英文字母。工作人员在摘抄唛头的过程中一定要仔细抄写正确。

理货过程中，摘抄货物的唛头首先要以进仓单提供的唛头为准，当所提供的唛头不是纸箱上较明显的标志或者是侧唛等时，要在入库凭证上注明，并具在唛头的旁边写上货物上最大最明显的标识，例如 ITEM（侧唛），正唛为 CMBAD。

1）贴唛：货物外包装上原本没有印刷体的唛头，而唛头是以 A4 纸或者彩色粘贴纸的形式贴在外包装上面的，我们称此唛头为贴唛。为了找货时方便快捷，工作人员需要在唛头后面备注"贴唛"、"黄贴"等字样。

2）侧唛：如果纸箱正前方没有唛头，工作人员要摘抄纸箱侧面的附属标志（俗称侧唛），当理货员摘写的唛头为侧唛时也在唛头后面备注"侧唛"。

3）内唛：一般拖盘货物进仓时所提供的唛头都是托盘外包装上的帖唛，有少部分货物进仓时货物所提供的唛头也可能是内部小件货的唛头，这种情况称为内唛。工作人员需要在唛头后面注明"内唛"。

4）写唛：唛头为手写在货物外包装的俗称写唛。工作人员在遇到此类唛头时，要在唛头后面备注"写唛"。

5）特殊唛头：有部分货物进仓时，以注册标志等特殊性的符号作为唛头，工作人员在摘抄唛头时还要在后面注明"特殊唛头"字样。

6）当工作人员在发现进仓单提供唛头与实际货物唛头不符时，要在入库凭证的正面注明"清单唛头与实际不符"，如要求出具保函的还要注明"需出具保函"。

如果货物是托盘包装，需要用唛头笔在托盘的外包装上写上进仓编号。同时须认真核对实际货物的唛头是否与进仓单提供唛头一致，如果清单提供唛头与实际唛头不一致，要抄写实际货物上的唛头，并在货物的入库凭证上注明，要求送货驾驶员确认货物无误后签字确认，同时与库长和保管员联系，开出联系单，与货代确认出具保函。

（2）填写小票号及小票（找仓位时，可写小票）。每张小票下方都会有 7 位红色数字编码序号，工作人员在入库凭证上小票号位置上填写第一板货的小票号和最后一板货的小票号（如只有一板货就不填写此栏）。

小票的填写内容：

1）理货日期。

2）进仓编号（现理此票货编号，按入库凭证上填写）。

3）托数（单票货中第几板）。

4）件数（单板货物的总件数）。

5）此板货物所放仓位。

6）工作人员姓名。

每板货物均需粘贴小票，粘贴位置为叉车操作位置的正前方右上角，小票的顶部要超出整板货物高度 1cm，便于查看，并且用记号笔在纸箱上写出此板货物所放的仓库号及仓位号，单板货物还需要填写此板货物的总件数。为方便叉车驾驶员能够方便看到准确仓位，同时，在理托盘货物的时候要在托盘的外包装上面要写好此票货物的进仓编号。

（3）填写相关工作人员姓名。在理货、叉车和装卸工后的空格处分别填写好操作此票货物的理货员、叉车工和装卸工的姓名。

（4）填写备注栏。每理好一板货物，贴好一张小票，就在此备注栏中加一个件数，当最后一板货物理好后，核加总板数及总件数是否与预进件数一致。

（5）填写实收板数与件数。将实收货物的件数核加后填写在实收件数上，并且填写好总的卸货板数。

1）总板数核对：对包装规格处的总卸货板数与备注栏中每票货物的加总数进行核对，总的板数是否正确。此外还可以根据总的小票号来计算小票张数是否与板数相对应。

2）总件数的核对：根据理货过程中备注栏中所记录的总件数相加与入库凭证上的预进件数相核对，如果对应可以在实收件数中写上实收件数，如不正确就要按卸货的顺序一一进行点数核对，重新清点进仓件数。如果出现实收件数与预进件数不同，要再次进行点数确定，必要时要翻板重新点件数，确定件数不符后要找库长、保管员打实收。在件数不符时不能告诉送货驾驶员所送货物的具体件数。

（6）填写选择区，包括空车与重车、是否装卸工卸货、厢式车与普通车、货物状态、装卸方式（对应货物具体情况的选择有保税非保税、普通、托盘、非单人、超长等，未收费问题注明）等项目的选择。对于部分货物为非单人的，要在非单人货物的规格旁注明。

（7）异常情况说明。包装异常情况记录主要有破损、变形、油污、单件货物重量较其他货物轻、潮湿、液体、易碎品、清单唛头与实际不符等一些需发保函问题的情况备注，货物超长、超宽、超高、超重的备注，托盘未满货物备注，捆货的备注情况说明及是否有需加收特殊费用的备注，与驾驶员确认的相关情况，并且要对异常货物的实际情况进行拍照留底（唛头不符、易碎品不用拍照）。备注异常情况要做到及时，有问题立即在入库凭证上注明。

备注部分的内容一般均为货物的异常情况，对于包装状态为破损等情况的记录可以说是责任的划分。如果没有备注，没有与送货驾驶员进行说明，货物到港的异常情况则无法证据说明。如果没有超长、超宽、超高货物的备注，录单人员就不会将货物的特殊情况进行计算机录入，配载人员一般也不会考虑到此情况，装箱过程中就会导致误操作或装不下的情况出现，并且也会对货物的收费标准造成影响。

2. 检查入库凭证

（1）九个点：选择区、小票号、唛头、理货员姓名与叉车员姓名、仓位、备注栏、规格、实收总件数、实收总板数。

（2）备注信息。

（3）驾驶员签名。

当理货员对入库凭证的检查中，如果发现有书写字迹不清晰或书写错误的地方，一定要在回单的修改处加盖“仓库更正章”，以说明是仓库理货员等工作人员所做的修改。

3. 转交入库凭证

将填写完成的入库凭证第一联和第三联及进仓单双手递给驾驶员，并指明方向说：“师傅，请到我公司车辆出卡口处打回单。”

其中，入库凭证第一联与进仓单装订在一起由司机交输单房打回单处，仓库留底备案；入库凭证第三联由输单房打回单处盖好收货确认章，交给驾驶员作为货物已进仓的凭证。

任务评价

为帮助学生更快地掌握货物入库凭证填写、转交，我们将进行团队大比拼训练，步骤如下：

第一步：五人一组自由组合，选出组长。

第二步：团队在组长组织下进行分工，选出小组代表，做好大比拼准备。

第三步：教师准备不同的货物入库信息，随机发给各个小组。

第四步：各组按要求完成操作，并完成下表中自我评价的填写，然后由教师对各组评价。

第五步：公布优胜小组。

被考评人		考评地点			
考评内容					
考评标准		分值/分	自我评价/分	教师评价/分	实际得分/分
1. 掌握入库凭证的填写规范		10			
2. 结合实训任务，在15分钟内完成入库凭证填写并转交，无差错		60			
3. 在操作过程中，无安全事故发生		15			
4. 小组合作、分工情况		15			
合　计		100			

注：实际得分=教师评价×60%+自我评价×40%。

知识拓展

货物入库时，应组织相关人员，合理选用装卸搬运机械，按照装卸搬运计划迅速将货物转移到规定的货位存放。

一、装卸搬运的定义

装卸搬运是物流系统的构成要素之一，是为运输和保管的需要而进行的作业。

装卸活动的基本作业包括装车（船）、卸车（船）、堆垛、入库、出库以及连接上述各项动作的短程输送，是随运输和保管等活动而产生的必要活动。在物流过程中，装卸活动是不断出现和反复进行的，它出现的频率高于其他各项物流活动。每次装卸活动都要花费很长时间，往往成为决定物流速度的关键。装卸活动所消耗的人力也很多，所以装卸费用在物流成本中所占的比重也较高。

二、装卸搬运作业方式

装卸搬运因其作业范围广泛、作业对象复杂，因此在货物入库作业之前，应根据货物的种类、体积、重量、到货批量、运输车辆或其他设施状况确定装卸作业方式和选用装卸设备及设备能力。

装卸搬运的作业方式常见的有以下几种：

1．单件装卸

单件装卸是指非集装按件计的货物逐个进行装卸操作的作业方法。单件作业对机械、装备、装卸条件要求不高，因而机动性较强，可在很广泛的地域内进行而不受固定设施、设备的地域局限。

单件作业可采取人力装卸、半机械化装卸及机械装卸方式。由于逐件处理，装卸速度慢，装卸中要逐件接触货体，因而容易出现货损；反复作业次数较多，也容易出现货差。单件作业的装卸对象主要是包装杂货，多种类、少批量货物及单件大型、笨重货物。

2．集装作业

集装作业是对集装货载进行装卸搬运的作业方法。每装卸一次形成一个经组合之后的集装货载。在装卸时，对集装体逐个进行装卸操作和单件装卸的主要差别在于集装作业“件”的单位大大高于单件作业每件的大小。

集装作业内由于待装单元较大，不能进行人力手工装卸，虽然在不得已时可以用简单机械偶尔解决一次装卸，但对大量集装货载而言，只能采取机械进行装卸，同时也必须在有条件的场所进行这种作业。集装作业不但受装卸机具的限制，也受集装货载存放条件的限制，因而机动性较差。集装作业一次作业装卸量大，装卸速度快，且在装卸时并不逐个接触货体，而仅对集装体进行作业，因而货损较小，货差也小。集装作业的对象范围较广，一般除特大、重、长的货物和粉、粒、液、气态货物外，都可进行集装。粉、粒、液、气态货物经一定包装后，也可集合成大的集装货载；特大、重、长的货物，经过适当分解处置后，也可采用集装方式进行装卸。

3．散装作业

散装作业是指对大批量粉状、粒状货物进行无包装散装、散卸的装卸方法。装卸可连续进行，也可采取间断的装卸方式，但是都需采用机械化设施、设备。在特定情况下且批量不大时，也可采用人力装卸。

三、装卸搬运作业合理化

合理组织装卸搬运对于加快货物入库、减少作业费用、提高物流经济效益有着重要意义。实现装卸搬运合理化，应从以下几方面着手：

1．减少装卸次数，消除多余作业

装卸搬运作业不能提高和增加货物的使用价值，与此相反，过多的装卸次数反而会导致货损的增加，降低货物使用价值，同时一次装卸的费用相当于几十千米的运输费用。因此，每增加一次装卸，费用就会有较大比例的增加。此外，装卸又会大大阻缓整个物流的速度。因此，应尽可能采用一次性作业方式，尽量排除或合并不必要的装卸搬运，使装卸搬运次数降低到最低限度。

2. 提高装卸搬运活性

放在仓库的待运货物，应使之处在易于移动的状态。这种易于移动的状态，叫做“搬运活性”。这种状态从0～4分为5个等级。为提高搬运活性，应当把它们整理归堆或是包装成单件放在托盘上、装在车上、放在输送机上。理论上，搬运活性指数越高越好，但在具体实施中还要考虑其可行性。

3. 利用重力，实现装卸搬运省力化

在装卸搬运服务业中，利用重力由高处向低处移动，既有利于节省能源，又减轻劳力。目前，利用重力的方法主要是利用滑槽，当重力作为阻力发生作用时，应把货物装在滑轮输送机上，达到省力和提高作业效率的目的。

4. 实现作业机械化和自动化

在当今社会化大生产的时代，首先应考虑改善装卸搬运作业的条件和环境，积极创造条件，实现作业机械化和自动化，这是形势发展的需要，也是物流现代化的需要。实现作业机械化和自动化，可以把作业人员从重体力劳动中解放出来，提高劳动生产率。

5. 使作业不受阻滞

装卸搬运作业量的不均衡和人员设备的不合理配置都是影响装卸搬运作业的主要因素。因此，应当尽可能进行连续作业，最为理想的状态是使货物不间断地连续流动，力求达到作业量与作业能力相均衡，使总体工作效率得到提高。

6. 推广应用集装货载

大力推行使用托盘和集装箱，将一定数量的货物汇集起来，成为一个大件货物，有利于机械搬运、运输、保管，形成单元货载系统。

7. 谋求系统的优化

物流活动由运输、保管、搬运、包装、流通加工等活动组成。装卸搬运一个环节的单独改进和优化是很有限的，应把这些活动当成一个系统来处理，以得到整体优化的效果。

四、常用唛头英文

1. 识别标志

箱（包）号：CASE＃
重量（毛）：WEIGHT（GROSS）
重量（皮）：WEIGHT（TEAR）
重量（净）：WEIGHT（NET）NET WEIGHT 或 NET MASS 或 NET 或 N.W.
重量（法定）：WEIGHT（LEGAL）
体积标志：MEASUREMENT MARK
体积表示为：LONG×WIDE×HIGH 或 L×W×H
批号：LON NO.或 BATCH NO
尺寸 cm：DIMENSIONS IN CM

数量：QUANTITY 或 Q′TY
颜色：COLOUR
规格：SPECIFICATION 或 SPEC
原产国标志：COUNTRY OF ORIGIN
收货人：CONSIGNEE
发货人：CONSIGNOR
发运人：SHIPPER
由……到……：FROM…TO…
经由：VIA
港：PORT
站：STATION
目的地：DESTINATION
空皮退到：WHEN EMPTY, RETURN TO
货号：ARTICLE NO.

2．装箱标志（操作动作）

小心轻放：HANDLE WITH CARE
小心搬运；小心装卸：CARE；WITH　CARE；CARE HANDLE
易碎物品：FRAGILE
易碎物品，小心轻放（易碎物，小心搬运）：FRAGILE，HANDLE WITH CARE
玻璃器皿，小心轻放：GLASS　WARE，HANDLE WITH CARE
小心玻璃：GLASS；GLASS WITH CARE
切勿投掷：NO DUMPLING；NOT SHOOT
不可抛掷：NOT TO BE THROWN DOWN
切勿坠落（小心掉落）：DO NOT DROP；NO DROPPING
请勿用钩（勿用手钩）：USE NO HOOK；NO HOOK

3．装箱标志（商品性质）

液体货物：LIQUID
易腐物质：PERISHABLE
易燃物品：FLAMMABLE
易碎物品：FRAGILE
酸性物品，小心：ACID WITH CARE
小心有毒：POISON WITH CARE（POISONOUS）
有效期：TERM OF VALIDITY BEST BEFORE
保质期：PRESERVATIVE PERIOD
怕火：IN FLAMMABLE
怕光：KEEP IN DARK PLACE
怕压（不可装在重物之下）：NOT TO BE STOWED BELOW OTHER CARGO；NOT TO BE

STOWED UNDER OTHER CARGO

禁用人力搬运：NO HUMAN TRANSPORT

勿掷：DON’T CAST

任务巩固

1．入库货物外包装上没有任何标记可记为唛头时，应该如何操作？

2．一般哪些词组不可记为货物的唛头？

3．根据所学知识，结合当地实际情况，各小组设计一张可进行实际操作的入库凭证。

项目四　外贸仓储货物在库作业

Project 4

任务一　绘制货物在库作业流程图

任务目标

1. 掌握货物在库保管的工作流程。
2. 掌握货物在库保管工作的主要任务。
3. 能合理地画出货物在库作业流程图。
4. 培养学生多角度细致观察，分析、总结问题的能力和周全缜密的思维方式。
5. 通过实训操作活动，体会货物在库作业流程设计的重要性。

任务描述

货物在库作业是仓储三大主要业务之一，其工作的好坏直接影响到仓储企业的服务水平和经营效益高低。货物在库作业是指仓库针对货物的特性，结合仓库的具体条件，采取科学、合理的手段对货物进行养护、检查，防止和延缓货物质量变化的行为。那么，我们如何科学合理、快速地进行货物在库作业呢？

天龙物流的库保管员按照公司的日常要求，在月末对仓库内的货物进行全方位的大检查，清查货物的数量、质量，保证在库货物的安全，以确保天龙物流各仓库内客户货物的数量与质量的正常，同时也能及时消除仓库内存在的各种隐患。

任务实施

一、任务准备

1．岗前准备

（1）准备一份货物在库作业图，以供学生讨论。

（2）铅笔若干，白纸若干。

2．工作人员职责

（1）清楚在库货物的种类、数量，熟悉仓库的作业操作。

（2）能将仓库内的信息及时汇总并上报主管。

二、任务过程

货物在库作业的主要工作及实施步骤如下：

1. 验收入库货物

入库货物的验收主要应做好以下几个方面的工作。

（1）对单验收。仓库保管员对照入库通知单的品名、规格、质量、价格等依次逐项检查商品，注意有无单货不符或漏发、错发的现象。

（2）数量验收。一般是原件点整数、散件点细数、贵重商品逐一细查核对。

（3）质量验收。一般是检查外观是否完好无损、零部件是否齐全无缺、食品是否变质过期、易碎商品是否破裂损伤。

（4）另外，对以下商品应加强检查，仔细查看。

1）保管性能不稳定，容易发生问题的商品。

2）利用旧包装或包装有异常的商品。

3）整理后重新进仓的商品。

4）从外地运来的商品。

5）商品性能不熟悉的商品。

6）从外仓转来的商品。

7）雨天进仓的商品。

2. 安排储存场所

在安排入库商品时，除了首先要考虑储存安全之外，还应考虑以下几方面内容：

（1）有无挥发性气体、异味、沾染或感染其他商品。

（2）商品和包装所含的水分是否会影响同一区域内其他商品的安全。

（3）与同一库房内的商品或邻近货垛的商品性能是否存在冲突。

（4）如果有保管要求特别高的商品，应及时确定是否需要专仓储存，以便加强养护措施。

（5）与同一库房内的商品的消防方法和养护措施是否一致。

（6）有无感染虫害的可能。

3. 苫垫

苫盖、垫底都要根据货物的性能、堆放场所、保管期限以及温度、湿度、光照日晒、季节、风吹雨淋等情况，合理选择。

4. 在库保管

（1）控制好仓库内温度和湿度。

（2）防治仓储商品霉腐。

（3）金属物品防锈、除锈。

（4）防治仓库虫害。

（5）在库货物安全管理。

（6）搞好仓库清洁卫生。

5. 在库检查

检查在库商品时不可能每批每件都查，可以列出重点，有计划、有步骤地进行定期检查。一般可按照以下顺序进行在库检查：

（1）入库时发现已有问题的商品。

（2）性能不稳定或不够熟悉的商品。

（3）堆放场所不太适宜的商品。

（4）已有轻微异常尚未处理的商品。

（5）储存时间较长的商品，即久存商品。

6. 异常处理

在检查时发现的问题，要彻底地调查情况，分析原因，根据产生异常的原因，迅速采取措施，进行防治和处理。凡属于储存条件和保管措施上的问题，应主动改善储存条件；凡属商品生产工厂方面的问题，应联系委托单位，协商处理，积极配合解决。如有因仓库保管不善而引起的问题，则承担相应的责任。

7. 出库复查

根据货物在库保管的主要工作及实施步骤，画出货物在库保管流程图，如图 4-1 所示。

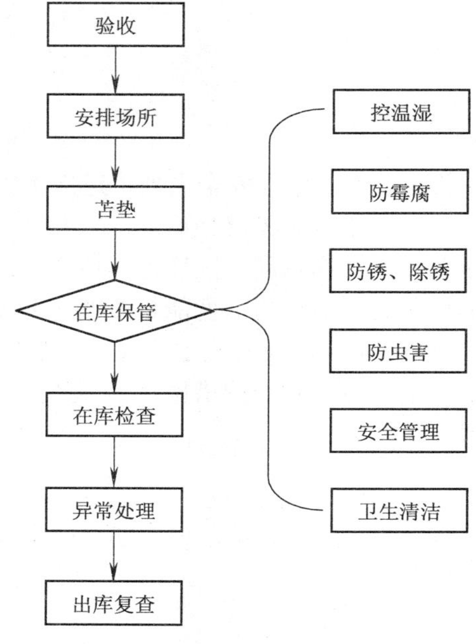

图 4-1　货物在库保管流程图

任务评价

为能正确画出货物入库作业流程图，学生独立进行训练，步骤如下：

第一步：每人仔细解读教师提出的货物、仓库等基本信息。

第二步：按要求独立画出货物入库作业流程图，并在下表中完成自我评价的填写，然后由教师对学生评价。

第三步：公布优胜方案，教师点评典型方案的优缺点，引导学生周全缜密的思维方式。

被考评人		考评地点		
考评内容				
考评标准	分值/分	自我评价/分	教师评价/分	实际得分/分
1．熟练掌握货物在库保管的工作流程	10			
2．正确掌握货物在库保管工作的主要任务	10			
3．绘制的流程图内容全面、正确	60			
4．流程图布局合理，图面简洁	20			
合　　计	100			

注：实际得分=教师评价×60%+自我评价×40%。

知识拓展

一、仓储管理绩效评估概念

绩效评估是对业绩和效率的一种事后的评估与度量以及事前的控制与指导，从而判断是否完成了预定的任务、完成的水平以及取得的效益和所付出的代价。绩效评估是依托现代信息技术，及时、准确地传递和反馈信息，不断控制和修正工作的一个动态过程。

仓储管理是物流管理中的一个重要过程。仓储活动担负着生产经营所需各种货物的收发、储存、保管、保养、控制、监督和保证生产需要等多项业务职能，而这些活动都与生产经营及其经济效益密切联系。仓储活动的各项考核指标是仓储管理成果的集中反映，是衡量仓储管理水平高低的尺度，也是考核评估仓库各方面工作和各作业环节工作成绩的重要手段。因而，利用指标考核管理手段，对于加强仓储管理工作，提高管理的业务和技术水平是十分必要的。

二、仓储管理绩效评估的意义

1．有利于提高仓储现代化管理水平

仓储的每一个指标都反映某项工作或全部工作的一个侧面，通过对指标的对比和分析，能发现工作中存在的问题。特别是对几个指标的综合分析，能发现彼此间联系，找出问题的关键所在。通过对比分析，能激发仓储管理人员自觉地钻研业务，提高业务能力以及管理工作的水平。

2．有利于落实仓储管理的经济责任制

仓储的各项指标是实行经济核算的根据，也是衡量仓储工作好坏的尺度。要推行仓储管理的经济责任制，实行按劳取酬和各种奖励的评定，都离不开指标的考核。

3．有利于推动仓库设施装备的现代化改造

仓储活动必须依靠技术设备才能正常进行。如果仓库的设施装备落后、利用率低，应当通过对指标的考核，找出仓储作业中的薄弱环节，对消耗高、效率低、质量差的设备进行挖潜、革新、改造，并有计划、有步骤地采用先进技术，提高仓储机械化水平。

4. 有利于提高仓储的经济效益

经济效益是衡量仓储工作的重要标志。通过指标的考核，可以对仓库的各项活动进行全面的测定、比较、分析，选择合理的储备定额、仓储设备、最优的劳动组合、先进的作业定额，提高储存能力、作业速度和收发保养工作质量，降低费用开支，加速资金周转，以尽可能少的劳动消耗获取尽可能大的经济效益。

三、仓储管理绩效评估的原则

为了保证仓储管理考核工作的顺利进行，使指标能起到应有的作用，在制订考核指标时必须遵循如下原则：

1. 科学性原则

科学性原则要求设计的指标体系应能够客观、如实地反映仓储管理的实际水平。

2. 可行性原则

可行性原则要求指标简单易行，数据容易采集，便于统计计算和分析比较，现有人员能够很快灵活掌握和运用。

3. 协调性原则

协调性原则要求各项指标之间相互联系，互相制约，互为补充，不能使指标间相互矛盾或彼此重复。

4. 可比性原则

在指标的分析过程中，重要的一项内容是对指标进行比较，比如现在与过去比较，与其他单位比较等，所以要求指标必须具有可比性。

5. 稳定性原则

指标体系一旦确定之后，应在一定时间内保持相对稳定，不宜经常变动和频繁修改。在执行一段时间之后，通过总结可以进行不断改进和完善。

四、仓储管理绩效评估指标体系

仓储工作要求在遵循上述原则的基础上，建立一套科学的绩效评估指标体系以评价仓储管理工作的绩效，可参考表 4-1。

表 4-1　仓储管理绩效评估指标体系表

评 价 内 容	评 价 指 标
货物储存数量指标	计划期货物吞吐量
	库房使用面积
	货场使用面积
	单位面积储存量
	职工人数
	设备数量指标

（续）

评价内容	评价指标
货物储存质量指标	账货相符率
	收发货差错率
	货物的损耗率
	平均保管损失
	平均收发货时间
	货物及时验收率
	设备完好率
货物储存效率指标	仓库利用率
	设备利用率
	劳动生产率
	资金使用效率
	货物周转速度指标
货物储存经济性指标	平均储存费用
	利润总额
	资金利润率
	收入利润率
	人均实现利润
	每吨保管货物利润
货物储存安全性指标	事故等级
	事故次数

任务巩固

1．6人一组，分组模拟货物出库作业的流程。

2．简述仓储管理绩效评估的概念、意义、原则。

任务二　在库货物检查

任务目标

1．了解货物检查的基本操作流程。

2．掌握检查仓库货物的基本技能。

3．培养学生细致、周密地观察环境的能力和责任意识，体会通过认真细致的检查工作可以发现很多问题，消除仓库隐患。

任务描述

在库货物检查是仓储管理工作最基本的任务，将直接影响着库存损耗程度，发现问题应及时通知相关人员采取措施，避免损失扩大。同时在库货物检查记录也为物流配载部门以后的货物装箱提供直接的依据。在库物质检查工作中，如何确定检查的时间间隔以及检查内容呢？

宁波天龙物流有限公司的仓库人员正对仓库货物进行日常检查。通过检查发现货物的本身状态、摆放状态、仓库防盗设施等问题，并进行整改。

任务实施

一、任务准备

1. 岗前准备

（1）分组：3 人为一组，每组定一名学生为组长。
（2）每人准备一顶安全帽和一份仓库巡查记录表。
（3）巡查时，禁止穿凉鞋、拖鞋。
（4）教师将相关检查表格分给学生，适当加以说明，并现场指导。

2. 工作人员职责

（1）按时按点巡查，保证货物的质量。
（2）准确填写仓库巡查记录表。

二、任务过程

1. 日常质量检查方式

（1）巡视：定时巡回查看。
（2）目视检查：用眼睛观察确认。

2. 日常质量检查频率

（1）每班巡查一次。
（2）夜班也不能例外。

3. 日常质量检查内容

（1）仓库的温度和湿度。
（2）货物的摆放状态，如有无东倒西歪、随意摆放等。
（3）货物本身的状态，如有无腐烂、生锈等。
（4）货物的环境状态，如有无雨淋、日晒等。
（5）仓库的消防状况，如消防设备是否齐全有效，数量是否足够，存放的地点是否合适等。

（6）仓库的防盗状况，如门窗是否破损或是否有效，防盗方面是否存在其他隐患等。

（7）仓库的照明状况，是否能够满足仓库作业照明要求，照明设施是否损坏等。

（8）仓库的设备状况，各项设备（如起重设备、叉车、货架、托盘等）是否完好。

4．仓库巡查记录表的填写

工作人员有秩序地巡视仓库，填写仓库巡查记录表，见表4-2。

表4-2　仓库巡查记录表

检查项目	月　日	月　日	月　日	月　日	月　日	月　日	月　日
	星期一	星期二	星期三	星期四	星期五	星期六	星期日
库房清洁							
作业通道							
用具归位							
货物状态							
库房温度							
相对湿度							
照明设备							
消防设备							
消防通道							
防盗							
托盘维护							
检查人							

注：1．检查项目正常者在相应栏打“√”。
2．若有问题，在相应栏中如实填写。
3．消防设备每月做一次全面检查。
4．将破损的托盘每月集中维护处理。

任务评价

为帮助学生更快地掌握在库货物检查的基本操作流程，我们将进行分组模拟训练，步骤如下：

第一步：在教室或是在实训工厂建立模拟仓库。

第二步：学生手持仓库巡查记录表，进行仓库巡视，及时记录相关信息。

第三步：学生按要求完成仓库巡查记录表的填写，并完成下表中自我评价的填写，然后由教师对各组评价。

第五步：公布优胜学生。

被考评人		考评地点			
考评内容					
考评标准		分值/分	自我评价/分	教师评价/分	实际得分/分
1．了解货物检查的基本操作流程		15			
2．掌握仓库货物检查的基本技能		15			
3．根据实训要求，完成仓库巡查表等信息的填写		50			
4．重视安全，有责任心		20			
合　计		100			

注：实际得分=教师评价×60%+自我评价×40%。

知识拓展

一、仓储安全管理概述

仓储安全管理工作要以消防工作为核心，认真贯彻“预防为主”的方针，确保人身、商品和设备的安全。仓储安全管理的基本任务如下：

（1）建立、健全安全生产（仓储）责任制和各项安全保卫制度。安全生产（仓储）的责任制和各项安全保卫制度是加强安全管理的重要措施；层层负责，落实到人；加强日常的检查和监督。

（2）保证仓储安全生产的投入，完善安全生产条件，加强仓储安全技术工作。采用新工艺、新技术、新设备，确保作业安全；加强劳动安全保护，如安全作业时间、劳保用品等。

（3）加强对有关安全生产的法律、法规和安全生产知识的宣传，提高职工的安全生产意识。

（4）提高警惕，严防不法分子破坏，坚决有力地打击一切破坏活动。

二、仓库火灾

1. 燃烧知识

凡有热和光一起放出的氧化反应，称为燃烧。燃烧是空气中的氧和可燃物质的一种强烈的化学反应，也就是可燃物的激烈氧化。在这种化学反应中，通常要发出光和火焰，并释放出大量的热。

发生燃烧，必须同时具备以下三个条件：

（1）具有可燃物质，如木材、纸张、汽油、酒精、氢气、乙炔、金属钠、镁等。

（2）具有助燃物质，如空气、氧气、氯、过氧化钠、氯酸钾、高锰酸钾等。

（3）具有着火源，如明火、赤热体、火星、电火花等。

2. 火灾的分类

火灾依据物质燃烧特性，可划分为 A、B、C、D 四类（见表 4-3），了解火灾的性质对灭火工作将有极大的帮助。

表 4-3　火灾分类表

分　类	火 灾 性 质	示　例
A 类火灾	是指固体物质火灾。这种物质往往具有有机物性质，一般在燃烧时能产生灼热的余烬	如木材、棉、毛、麻、纸张火灾等
B 类火灾	是指液体火灾和可熔化的固体火灾	如汽油、煤油、原油、甲醇、乙醇、沥青、石蜡火灾等
C 类火灾	气体火灾	如煤气、天然气、甲烷、乙烷、丙烷、氢气火灾等
D 类火灾	金属火灾	钾、钠、镁、钛、锆、锂、铝镁合金火灾等

3．防火的基本原理

防火的基本原理是防止燃烧条件的产生，不使燃烧三个条件相互结合并发生作用，以及采取限制、削弱燃烧条件发展的办法，阻止火势蔓延。

4．防火方法

防火的主要方法有以下几点：控制可燃物，隔绝助燃物，消除着火源，严格执行仓库操作规范，建立健全必要的规章制度。

5．灭火基本方法

（1）冷却灭火法。冷却性能最好的灭火剂首推是水。这是因为水具有较大的热容量和很高的汽化潜热，冷却性能很好，特别是采用雾状水流灭火，效果更为显著。

（2）窒息灭火法。可燃物燃烧都必须维持燃烧所需的最低氧浓度，低于这个浓度，燃烧就不能进行，火灾被扑灭。窒息灭火法就是阻止空气流入燃烧区，或用不燃物质冲淡空气，使燃烧物质断绝氧气的助燃而熄灭。

在火场上运用窒息的方法扑灭火时，可采用石棉被、浸湿的棉被、帆布、海草席等不燃或难燃材料，覆盖燃烧物或封闭孔洞；或者采用水蒸气、惰性气体（二氧化碳、氮气等）。

高倍数泡沫充入燃烧区域内，利用建筑物上原有的门、窗等封闭燃烧区，阻止新鲜空气流入，以降低燃烧区氧气的含量，达到窒息燃烧的目的。此外，在万不得已而条件允许的情况下，也可采用水淹没（灌注）的方法扑灭火灾。

（3）隔离灭火法。隔离灭火法就是将燃烧物体与附近的可燃物质隔离或疏散开，使燃烧停止。这种方法适用于扑救各种固体、液体和气体火灾。

采用隔离灭火法的具体措施有：将火源附近的可燃、易燃、易爆和助燃物质，从燃烧区内转移到安全地点；关闭阀门，阻止气体、液体流入燃烧区；排除设备容器内的可燃气体或液体；设法阻拦流散的易燃、可燃液体或扩散的可燃气体；拆除与火源相毗邻的易燃建筑结构，形成防止火势蔓延的空间地带。

（4）化学抑制灭火法。化学抑制灭火法就是使灭火剂参加到燃烧反应过程中去，使燃烧过程中产生的游离基消失，而形成稳定分子或低活性的游离基，直到燃烧反应中止。

抑制法灭火对于有焰燃烧火灾效果比较好，但是对于深部火灾，由于渗透性较差，灭火效果不理想。在条件许可情况下，应用水、泡沫等灭火剂联合使用，才能取得满意的效果。

采用化学抑制法灭火速度快，如果使用得当，可有效地扑灭初期火灾，减少人员和财产的损失。

使用卤代烷等灭火剂进行抑制灭火时，一定要将灭火剂准确地喷射到燃烧区域内，使灭火剂参与燃烧反应。否则，将起不到抑制燃烧反应的作用，达不到灭火目的。

任务巩固

《深圳××危险品仓库事故》分析报告

报告人：王旭东　胡秋明　马光明　柳青

报告时间：1995年1月8日

1993年8月5日13时15分，深圳市××危险品储运公司清水河仓库4库，因违章将过

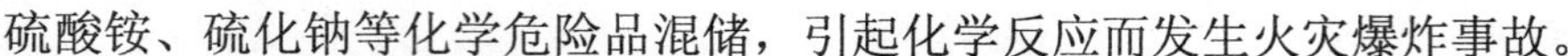

硫酸铵、硫化钠等化学危险品混储，引起化学反应而发生火灾爆炸事故。

此事故是由于违反安全规定而发生的。

（1）违反消防法规，违规将丙类货物仓库当作甲类仓库使用。1987 年 5 月，该公司以丙类杂品干货仓库使用性质向深圳市消防支队报请建筑消防审核。1989 年该仓库部分库房存储危险品，违反了消防规范要求。

（2）消防安全管理工作不落实。第一，没有称职的防火安全干部；第二，化学危险品进库没有进行安全检查和技术监督，账目不清，管理混乱；第三，仓库搬运工和部分仓管员上岗前未经必要的培训，发生火灾后不懂如何扑救。

（3）拒绝消防监督提出的整改建议，对隐患久拖不改。

（4）消防基础设施、技术装备与扑救大火不适应。深圳市是缺水城市，清水河地区更是缺水区，仓库区虽然有些消防栓，但因水压达不到国家消防技术标准规定，使灭火工作受到影响。

分析：

1．仓库安全管理有何重大意义？
2．仓库治安保卫管理措施有哪些？
3．仓库遭遇火灾时常规的灭火方法有哪些？

任务三　在库货物养护

任务目标

1. 熟悉各种商品的养护方法。
2. 掌握防霉、除霉、防锈、除锈的基本方法。
3. 掌握防虫害的基本方法，并能拟订一份计划书。
4. 在学习中严格遵守纪律，集中注意力，认真听讲和记录。
5. 善于归纳、总结，能够从全局出发对信息进行分类、分析、处理。

任务描述

货物入库后的一项重要工作是在库养护，以确保储存货物的数量完整、质量完好。为防止货物因本身理化性质和外部因素影响而发生质量降低或丧失使用价值，除了要注意调节仓库温度和湿度外，还要注意虫害、霉腐、锈蚀、污染、泄露等问题的防治。

江南梅雨季节即将来临，为保证货物在仓库里能够安全地度过这段特殊时间，天龙物流仓库工作人员对仓库中的货物进行全面保养，集中检查虫害、霉腐、锈蚀、污染、泄露等问题，以确保货物的质量。

任务实施

一、任务准备

准备好相应的实训货物，并按任务要求将物品放置在不同地方。

1．岗前准备

（1）多媒体教学软件。

（2）0.1%～0.3%浓度的多菌灵 6kg。

（3）竹制品、皮革制品各 25 件（两个学生合用一件），软毛刷 25 把，喷壶 6 个，除氧剂 60 包，干布若干。

（4）金属制品（钢、铜、铁等）25 件，10kg 防锈油、涂料各一罐，气相防锈粉 3kg，砂纸、钢丝刷各 25 个，软毛刷 25 把，布手套 25 双。

（5）张贴板一块，记号笔数支，白纸若干。

2．养护员职责

（1）负责在库货物的养护工作。

（2）严格货物入库手续，防止不合格品入库。

（3）对在库货物合理堆垛苫垫，做到堆垛合理，安全牢固。

（4）采取适当措施，防止在库货物发生腐蚀、霉变等。

（5）对在库特殊商品，根据其特性，采取相应的措施，保证商品在库期间数量完整，质量完好。

（6）保持仓库的卫生及整洁，防止鼠害和病虫害。

二、任务过程

梅雨季节到来之前，物流公司需对储存的竹制品、皮革进行防霉、除霉工作，并对已产生轻微锈蚀的金属进行除锈和防锈工作，另外需对大米等物质的防虫害措施拟订一份计划。

根据教师的下达任务书，进行具体操作。

任务 1：对储存的竹制品、皮革制品进行防霉、除霉工作。

（1）化学防霉。

1）对竹制品、皮革制品防霉；用喷壶装入 0.1%～0.3%浓度的多菌灵在仓库内进行喷洒防霉。

2）在商品包装内放入除氧剂。

（2）物理防霉除霉。

1）找出仓库内长霉的竹制品和皮革制品进行晾晒。

2）晾晒后用干布擦去霉迹。

3）待货品温度下降至室温后，整理归位。

任务 2：对已产生轻微锈蚀的金属进行防锈和除锈工作。

（1）涂油防锈。

1）将金属表面清洁干净。

2）在金属表面喷一层防锈油。

（2）气相防锈，将气相防锈粉末撒在金属表面。

（3）涂锈防锈。

1）将金属表面清洁干净。

2）用软毛刷在金属表面均匀涂一层油漆。

（4）手工除锈。

1）用砂纸、钢丝刷等对生锈的金属表面进行除锈。

2）在金属表面涂一层机油。

3）用油纸包装已处理。

任务 3：为仓库的防虫害措施制订一份计划书。

（1）分组讨论。

1）大米在储存过程中，如何检查并发现虫害（例如、白蚁、鼠等）？

2）仓虫来源、一般特性、危害表现表现分别是什么？

3）怎样防治及处理仓库病虫害？

（2）成果展示。

1）将讨论的成果书写到卡片上，然后张贴。

2）小组代表对讨论结果进行讲解和分析。

3）教师对学生讨论结果进行点评并对知识内容进行总结。

（3）以小组为单位按以上内容拟订一份仓库防虫害的计划书。

任务评价

为帮助学生更好地掌握在库货物养护的知识、方法，我们将进行分组大比拼训练，步骤如下：

第一步：五人一组自由组合，选出组长。

第二步：团队进行合理分工，做好大比拼准备。

第三步：教师给每组布置不同的防霉、除霉、防锈、除锈、防病虫害计划等任务。

第四步：各组按任务进行实训操作，并完成下表中自我评价的填写，然后由教师对各组评价。

第五步：公布优胜团队，引导学生注意训练中的语言表达、团队合作等问题。

被考评人		考评地点		
考评内容				
考评标准	分值/分	自我评价/分	教师评价/分	实际得分/分
1．掌握防霉、除霉、防锈、除锈的基本方法	35			
2．熟悉防虫害的基本方法，并能拟订一份全面、合理的计划书	30			
3．实训操作过程中，能严格遵守安全守则，认真操作	20			
4．小组合作、分工情况以及小组代表讲解情况	15			
合　计	100			

注：实际得分=教师评价×60%+自我评价×40%。

知识拓展

一、货物养护的概念

储存在仓库里的货物每时每刻都在发生变化，货物养护的任务就是在认识和掌握各种库存货物变化规律的基础上，采取科学、合理的组织管理和技术措施，有效地抑制外界因素的影响，创造适宜的环境，提供良好的条件，最大限度地减缓和控制货物的变化，以保证货物在仓库储存中价值及安全。

商品养护工作中要坚持以防为主，防治结合的原则。

二、货物养护的目的

依据货物的物理和化学性质，避免人为操作因素等，运用货物养护中的各类知识和养护技术，掌握货物质量发生变化的规律，做到最大程度地减少损耗，以维护货物的安全，保证储存货物的使用价值。

三、在库货物变化及其影响因素

1．货物质量变化的类型

（1）货物的物理机械变化。物理变化是指只改变物质本身的外表形态，不改变其本质，没有新物质的生成，并且有可能反复进行的质量变化现象。机械变化是指物品在外力的作用下，发生形态变化。物理机械变化的结果不仅是数量损失，而且是质量降低，甚至使物品失去使用价值。主要有以下几种：

1）挥发。挥发的速度与气温的高低、空气流动速度的快慢、液体表面接触空气面积的大小成正比关系。防止物品挥发的主要措施是增强包装、控制仓库温度。

2）溶化。物品溶化与空气温度、湿度及物品的堆码高度有密切关系。常见的易溶商品有食糖、食盐等。因此，这类商品应贮存在干燥、凉爽的环境中，与含水量高的商品分库存放，并限制堆码高度以防止压力过大而加速溶化流失，同时应加强对此类商品在贮存期间防潮包装受损情况的检查和处理。

3）熔化。熔化是指某些熔点较低的固体商品在温度较高时发软变形甚至熔融为液体的现象。易熔化的商品有化妆品、蜡烛等。这类商品应贮存在温度较低、无阳光直射和密封隔热的环境中。

4）渗漏。渗漏是指由于包装容器不严密，包装质量不符合物品性能要求，或在搬运装卸时碰撞震动破坏了包装而发生跑、冒、滴、漏的现象。

5）串味。串味是指某些具有吸附性能的商品（如茶叶、大米等）在吸附其他物品的特殊气味后而带有异常气味的现象。因此，具有特异气味或具有吸附性能的商品应密封包装或单库存放。

6）沾污。沾污是指商品外表沾有其他脏污或染有其他污秽的现象。

7）沉淀。沉淀是指含有胶质和易挥发成分的商品，在低温或高温等因素影响下引起部分物质的凝固，进而发生沉淀或膏体分离的现象。

8）破碎与变形。破碎与变形是常见的机械变化，是指物品在外力作用下所发生的形态上的改变。对于容易发生破碎和变形的物品，主要注意妥善包装，轻拿轻放，在库堆垛高度不能超过一定的压力限度。

（2）货物的化学变化主要包括氧化、分解、水解、化合、聚合、裂解、老化、风化等。

（3）货物的生化变化及其他生物引起的变化，如呼吸作用、发芽、胚胎发育、后熟作用、霉腐、虫蛀等。

2．影响货物储存质量的内因

（1）货物的物理性质，如吸湿性、导热性、耐热性、透气性。

（2）货物的机械性质，形态、结构在外力作用下的反应。

（3）货物的化学性质，包括化学稳定性和货物的毒性、腐蚀性、燃烧性、爆炸性。

（4）货物的化学成分。

（5）货物的结构。

3．影响货物变化的外因

（1）商品的自然损耗，主要表现为商品的干燥、风化、黏结、散失、破碎等。

（2）人为因素或自然灾造成的损失。由于仓库保管人员的失职或保管不善、水灾、地震造成的非常损失以及包装破损而造成的漏损等

（3）装卸、搬运、上垛和磅差。商品经装卸、搬运、中转到分库验收、过磅、上垛、入库，都可能发生损耗。磅差是商品在进出库时，由于计量工具精度的差别造成的商品数量的差异。允许磅差是指商品流通各环节对商品称量允许发生的重量差别。

四、货物的养护措施

（1）建立健全规范的规章制度。

（2）严格验收入库货物。

（3）适当安排储存场所。

（4）科学进行堆码苫垫。

（5）控制好仓库温、湿度（采用自然通风、机械通风、密封、吸潮剂吸潮等方法）。

（6）认真进行货物在库检查和盘点。

（7）搞好仓库清洁卫生。

任务巩固

谷物养护技术案例

稻谷籽粒具有完整的内外颖（稻壳），使易于变质的胚乳部分受到保护，对虫、霉、湿、热有一定的抵御作用，并且稻谷内外颖水分较米粒低。这些特点使得稻谷相对易于储藏。但

稻谷也具有后熟期短、易黄变、不耐高温并易产生根面结露等不利于安全储藏的特性。尤其是夏熟粮食丰收，不少农民家中堆满了粮食，由于缺少保管知识，加之夏季气温高、空气潮湿，粮食容易生虫、霉变。那么夏季仓库中应该怎样做好粮食的储存呢？

任务四　在库货物盘点

任务目标

1. 掌握库存商品数量和质量检查的方法。
2. 掌握账、卡、物核对的技能。
3. 掌握盘点单和盘点表的填制方法。
4. 熟悉盘点工作过程。
5. 在实训活动中体会和学习仓储人员必备的职业素质，以积极健康的心态面对各种突发状况。

任务描述

因本身性质、自然条件及其他各种因素，货物在收发储存过程中可能造成商品数量的差额与错误以及质量的变化。为了及时了解和掌握商品在储存中的最新状态，需要进行经常性和定期性盘点。通过盘点，掌握最新的商品储存情况，做到有物必有账，账物相符，账账相符，堵塞漏洞，纠正差错；明确存货水平，便于及时处理和补充；弄清货物质量是否发生变化，以便采取措施改进保管方法，提高储存质量。

宁波天龙物流仓库保管员按照公司的日常要求，根据公司卡口及仓库提供的数据，按照货架商品表（见表 4-4）到仓库盘点，要求在天龙物流一号仓库对昨天入库的商品进行盘点检查，核对现有存货与账目记载数量是否一致，查明各项物品的可用程度，发现不良品、呆滞品均要记录，并用货卡标识出来。

表 4-4　货架商品表

编　号	货　位	商品名称	生产日期	有效期	单　位	账面数量
1	A1001	康师傅矿物质水	2012-3-8	12 个月	瓶	10
2	A1002	可口可乐	2013-2-6	12 个月	瓶	9
3	A1003	水森活	2013-11-7	12 个月	瓶	10
4	A1004	康师傅茉莉花茶	2013-6-23	12 个月	瓶	6
5	A1005	垃圾袋	2012-10-1	24 个月	卷	24
6	A1006	高露洁牙膏	2012-12-1	3 年	支	6
7	A1007	奥妙洗衣皂	2013-7-9	3 年	块	6
8	A1008	雕牌超能皂	2013-8-22	3 年	块	10
9	A1009	泡椒火腿肠	2013-10-6	6 个月	包	34

（续）

编　号	货　位	商品名称	生产日期	有效期	单　位	账面数量
10	A1010	甜玉米香肠	2013-2-22	6个月	支	33
11	A1011	盐津应子	2013-3-1	1年	包	13
12	A1012	乡亦靓（鸡壳王）	2013-2-15	6个月	包	32
13	A1013	香辣味金针菇	2013-2-24	12个月	包	33
14	A1014	猪肉香肠	2013-10-4	6个月	支	33
15	A1015	香巴佬香肠	2012-11-24	6个月	支	57
16	A2001	野山椒凤爪	2013-2-26	6个月	包	40
17	A2002	小飞燕相思卷	2013-3-8	6个月	包	6
18	A2003	金刚棒饼	2013-1-23	10个月	包	3
19	A2004	蜂皇浆蓝莓角	2013-2-8	18个月	包	16
20	A2005	蜂皇浆东魁杨梅	2013-2-3	18个月	包	13
21	A2006	清风纸巾	2012-1-4	3年	条	5
22	A2007	阿尔卑斯葡萄牛奶硬糖	2013-2-18	24个月	卷	7
23	A2008	海邦鱿鱼米	2013-3-9	6个月	包	7
24	A2009	绝味鱿鱼	2013-11-26	6个月	箱	2
25	A2010	水晶活力粥	2013-3-9	6个月	箱	2
26	A2011	黑人牙膏	2013-3-9	2年	支	4
27	A2012	AD钙奶	2013-3-9	1年	包	8
28	A2013	口水娃兰花豆	2013-2-23	1年	箱	2
29	A2014	乡亦靓（鸡壳王）	2013-12-9	6个月	箱	2
30	A2015	特仑苏纯牛奶	2013-2-4	6个月	箱	1

任务实施

一、任务准备

1．岗前准备

（1）准备好大概30种不同种类商品若干。

（2）若干纸、笔、秒表等，并把货品储位整理表和商品库存盘点表夹在板夹上，把笔用绳子拴在板夹上，方便学生盘点。

（3）在仓储实训工场间划出三个储存区域作为训练场地（如图4-2所示）。在三个储位上明显标出“待处理区”。

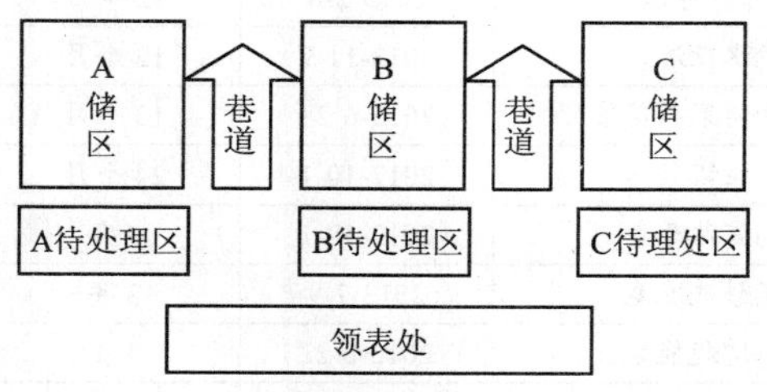

图4-2　盘点场地示意图

2．盘点员职责

（1）根据货品的特点与要求选择合适的盘点方法；正确进行账面盘点操作及现货盘点操作；正确使用盘点所用的各种表单。

（2）准确计算盈亏差异，对盘点结果进行合理分析，正确进行盘盈、盘亏处理。

（3）通过点数计数查明商品在库的实际数量，核对库存账面资料与实际库存数量是否一致。

（4）掌握库存与仓容情况，并对储存环境进行清理保洁。

（5）根据单位盘点要求，负责库存货物的定期和动态清查、盘点。

二、任务过程

（1）实训在 A、B、C 三个储区，由 3 名操作者同时进行实训。每个货架储区分上下两层共 30 个储位，预先按要求存放若干货品，指导教师将三个储区的商品数量、品名、储位做正确的记录，称为“甲表”。

（2）指导教师根据三个储区的正确记录，分别在三个储区调换个别商品储位，使个别商品的数量发生变化，然后将变化情况做好记录。这里变动后的记录称为“乙表”。

（3）将原先所做的“甲表”给 3 名操作者，要求其按照“甲表”在各自储区对商品情况进行核对。

（4）将储区内的货品进行整理归位，确保每个货品在其规定的储位存储，并对错误存放的货品作下记录，填写好货品储位整理表（见表 4-5）。

表 4-5　货品储位整理表

货品名称	库存储位	正确储位	规格与包装	数量

（5）对目标储区整理归位后，进行货品的盘点，填写商品库存盘点表（见表 4-6）。

表 4-6　商品库存盘点表

报表单位：　　　时间：　年　月　日　　　单号：　　　金额：　　　元

编号	商品名称	规格	单位	单价进价	账面数		清点数		溢价（进价）		短缺（进价）		备注
					数量	金额	数量	金额	数量	金额	数量	金额	
1													
2													
3													
4													
5													
本页金额合计													

单位负责人：　　　仓储主管：　　　保管员：　　　制单：　　　复核上报：

（6）对过期变质、包装破损等不合格货品进行整理，将其摆放在待处理品区。

任务评价

为帮助学生更好地掌握在库货物的盘点技能，我们将进行团队大比拼训练，步骤如下：

第一步：五人一组自由组合，选出组长。

第二步：团队在组长组织下进行组内分工，选出小组代表，做好大比拼准备。

第三步：教师整理好相关货架的商品，准备好相关的表格，随机发给不同的小组。

第四步：各组按要求进行盘点操作，并完成下表中自我评价的填写，然后由教师对各组评价。

第五步：公布优胜团队。

被考评人		考评地点		
考评内容				
考评标准	分值/分	自我评价/分	教师评价/分	实际得分/分
1．掌握账、卡、物核对的技能	10			
2．盘点作业程序正确	20			
3．根据具体情况，掌握盘点单和盘点表的填写	40			
4．安全规范的工作过程	15			
5．小组合作、分工情况	15			
合　　计	100			

注：实际得分=教师评价×60%+自我评价×40%。

知识拓展

一、盘点定义

盘点又称盘库，是指定期或临时对库存商品的实际数量进行清查、清点的作业，可以掌握货物的流动情况（入库、在库、出库的流动状况），对仓库现有货物的实际数量与信息系统以及财务账上记录的数量相核对，以便准确地掌握库存数量。

1．盘点任务

盘点任务主要包括以下工作内容：

（1）查清实际库存量是否与账卡相符。

（2）查明存货发生盈亏的真正原因。

（3）查明库存货物的质量情况。

（4）查明有无超过储存期限的存货。

2．盘点目的

具体来说，盘点可以达到如下目标：

（1）仓库在本盘点周期内的亏盈状况。

（2）仓库最准确的库存金额，将所有商品的库存数据核对准确。

（3）确认损耗较大的商品大组以及个别单品，以便在下一个营运周期加强管理，控制损耗。

（4）清理滞销品、临近过期商品，整理环境，清除死角。

二、盘点的主要工作内容及原则

1. 盘点工作内容

盘点工作主要包括数量盘点、重量盘点、货与账核对、账与账核对等方面内容。

2. 盘点原则

仓库在进行商品盘点时，应该按照以下原则进行：

（1）真实：要求盘点所有的点数、资料必须是真实的，不允许作弊或弄虚作假、掩盖漏洞和失误。

（2）准确：盘点的过程要求准确无误，无论是资料的录入、陈列的核查还是盘点的点数都必须准确。

（3）完整：所有盘点过程的流程，包括区域的规划、盘点的原始资料、盘点点数等都必须完整，不能有遗漏区域和遗漏商品。

（4）清楚：盘点过程属于流水作业，不同的人员负责不同的工作，所以所有的资料、人员的书写记录以及货物的整理必须清楚，才能使盘点工作顺利进行。

（5）团队精神：盘点是全体人员都要参与的营运过程。为减少停止营业的损失，加快盘点的时间，仓库各个楼层、各个岗位必须有良好的配合协调意识，以大局为重，使整个盘点按计划进行。

三、库存盘点的方法

1. 永续盘点法

永续盘点法也叫动态盘点法，是指在货物入库的时候就进行盘点的方法。一般入库不全检，抽检一部分就上货架了，或者放在固定的一个区域里面。最好是入库的时候把数量清点一遍，并检验质量，然后放入相应位置，跟保管卡核对。

2. 循环盘点法

循环盘点就是每天盘点一定数目的库存。按照入库的先后顺序进行，先入库的货物先盘，后入库的货物后盘。

如果当天的进货量很大，一天盘不完的，那么第二天应先把前一天剩下的部分盘完，然后再盘新进来的货，分阶段去进行。循环盘点能够节省人力，化整为零。

3. 重点盘点法

哪些货物需要重点盘点？比如进出频率很高、高价值、易损易耗的货物都需要进行重点盘点，这样才能防止出现偏差。

4. 定期盘点法

一般仓库都要进行定期盘点。有的仓库每周都要盘点一次，也有每个月、每个季度或年末盘点的，每一年至少应盘点一次。如此一来库存周报就很精确了。销售有销售日报表，库存有库存周报表。如果品种不是很多，也可做日报表。周期越短，越容易及时处理那些超过储存期的呆滞库存。

综上所述，四种盘点方案具有不同的操作规程和特点，具体见表 4-7。

表 4-7　四种盘点方法的比较

序　号	方法名称	操作规程	特　点
1	永续盘点法（动态盘点法）	入库时随之盘点，及时与保管卡记录核对	可随时知道准确存量，盘点工作量小
2	循环盘点法	按入库先后，每天盘点一定数量的存货	节省人力，全部盘完后开始下一轮盘点
3	重点盘点法	对进出频率高、易损耗、价值高的存货进行重点盘库	可控制重点存货动态，有效防止发生差错
4	定期盘点法	定期（周/月/季/年）全面清点所有存货	便于及时处理超储和呆滞存货

四．盘点数据汇总

（1）货物清点完毕后，仓库要将经过工作人员与仓储主管签字确认的标签进行汇总。

（2）仓库账务员要认真核对账存数与所统计的实物数。如果发现不一致，应进一步查明原因。

（3）经过清点，核对及复查之后，由账务员将实际账面数与最终的盘点数填入盘点汇总表。有特殊情况的，应在备注中写明原因。

（4）将不合格品计入不良品盘点汇总表中。

（5）盘点汇总表由账务员填写后，须经仓库主管签字确认。

5．避免出现盘点盈亏的方法

盘点盈亏根本原因是商品出现损益，这主要是由于员工平时工作疏忽、责任心不强，未严格按照规程操作造成的。因此，要避免盘点中大的盈亏差错，必须加强全员的责任心培养与业务技术的提升。具体方法如下：

（1）从制度上要增强工作责任心。

（2）严格控制进货关和复核关。

（3）检查各类度量衡器具，保证计量准确无误。

（4）加强报表单据各环节的复核与控制。

（5）加强防范活动，减少因为盗窃等活动带来的损失。

6．盘点过程中的注意事项

（1）合格品与不良品应分开存放，分开清点，并在盘点标签上分开记录。

（2）对于散装货物，如果账上有具体数量的，应认真清点；如刚进仓，一时未入账的，应暂时写上箱数，并标明原因。

? 任务巩固

1．简述 ABC 分类法的概念。

2．盘点的方法有哪几种？

项目五　外贸仓储货物出库作业

Project 5

任务一　拼箱货出库作业

任务目标

1. 熟悉拼箱货出仓的工作流程。

2. 了解拼箱货出仓步骤及其注意事项。

3. 掌握拼箱货出仓相关单证的缮制、流转过程。

4. 培养学生周全考虑问题的思维习惯，在工作过程中提高人际沟通能力，以便提高自己的工作效率。

任务描述

拼箱货（又称为散货）出仓前对相关凭证（出仓单、原始入库凭证）进行仔细核对是正确无误地完成出仓任务的关键。事先要熟悉各相关凭证、所在仓库现状（如库位分布等信息）、作业流程，以及各个作业环节中需用到的设施设备，将有助于工作人员快速完成货物出仓任务。

有一批放在天龙物流一号仓库托盘货架区的散货需在今天下午出仓，现要求按规定办理散货出仓手续。

任务实施

一、任务准备

1. 岗前准备

（1）准备板夹、笔若干。

（2）准备液压托盘车、堆高车、托盘。

2. 工作人员职责

（1）根据出仓单查找货物并指派叉车工取货。

（2）核对货物，指导装卸工码放货物。

（3）在货物出仓后有对相关凭证做好出仓归档工作的职责。

二、任务过程

一般情况下，散货出仓可遵循以下五个步骤，如图 5-1 所示的散货出库作业流程图，完成散货出仓作业。

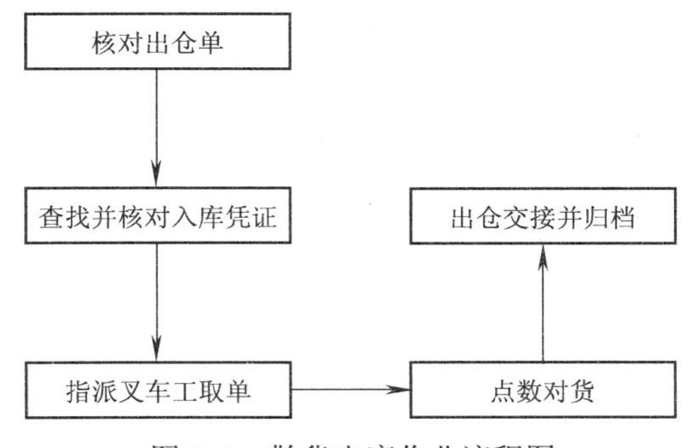

图 5-1　散货出库作业流程图

具体工作步骤如下：

1. 核对出仓单

仓管员在出货控制区拿到出仓单后必须仔细核对出仓单上的下列事项：

（1）仓管员签字：确认此单是本公司工作人员所开具的正规出仓单。

（2）仓库号：确认是否属于该库货物。

（3）仓位：凭此信息找到相应仓位，并在货物上找到货物原进仓时的入库凭证，以便核对出仓货物的详细信息。

（4）运输工具车牌号：核对出仓单上的出仓车牌号是否与实际出仓车牌号一致。

（5）检查出仓单上是否有提货人员签字。

2. 查找并核对入库凭证

迅速找到仓位及货物对应的入库凭证，以下（1）～（5）项为重点核对项。

（1）进仓编号。

（2）货名。

（3）仓位。

（4）唛头。

（5）件数（特殊的要注明，是否需要分唛出仓，是否为装剩的货物）。

（6）体积估算。

（7）包装规格。

（8）货代。

（9）送货单位。

3. 指派叉车工取单

按出仓货物存放仓位指挥叉车工取货，并将出仓单副本交给叉车工，叉车工用手动堆高车代替托盘叉车在指定货位将货物取下，并使用液压托盘车将货物搬运至出库理货区。叉车工应在设备存放区取用手动堆高车和液压托盘车，并在使用完成之后及时归位。设备使用过程应注意如下事项：

（1）手动堆高车

1）在运行过程中，不允许调整货叉的高度。

2）如操作过程中，承载的货物掉落，必须停车制动，并将掉落货物重新放回。

3）操作过程中，手动堆高车运行以及载货运行时，不允许与其他设备（如横梁、立柱等）或货物产生任何碰撞。

4）设备操作完毕，将放置回设备存放区内，不允许将设备停出区域以外。

（2）液压托盘车。

1）在运行过程中，不允许调整货叉的高度。

2）液压托盘车在静止时必须制动，将手柄与货叉打成90°。

3）操作过程中，液压托盘车在空车运行以及载货运行时，不允许与其他设备（如横梁、立柱等）或货物产生任何碰撞。

4）如操作的过程中，承载的货物掉落，必须停车制动，并将掉落商品重新放回液压托盘车。

5）设备操作完毕，将放置回设备存放区内，不允许将设备停出区域以外。

4．点数对货

清点货物的总件数，核对货物商品卡信息，仔细核对每件唛头是否全部与出仓单所提供的唛头一致（每板货的件数与商品卡核对或填写实收件数），指导装卸工码货。

5．出仓交接并归档

叉车工备货完成后，必须收回叉车工所持的第三联，交出仓驾驶员做出门凭证。

上述工作步骤完成以后，整理原始入库凭证，做好出仓归档工作，将整理好的单据交库长或保管员审单，由库长或保管员通知配载或前台货已出仓。

任务评价

为帮助学生更快地掌握拼箱货出库流程，我们将要求学生在散货出库作业区域（如图 5-2 所示），进行分组拼箱货出库训练，步骤如下：

第一步：五人一组自由组合，选出组长。

第二步：团队在组长组织下进行组内分工，做好大比拼准备。

第三步：教师准备不同的出库单，发给各个小组。

第四步：各组按要求将托盘货架仓储区中的货物出仓，并完成下表中自我评价的填写，然后由教师对各组评价。

第五步：公布优胜团队。

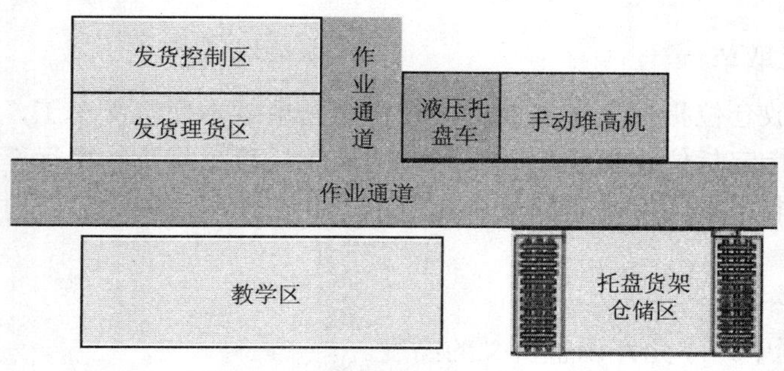

图 5-2　散货出库作业区域分布图

被考评人		考评地点			
考评内容					
考评标准		分值/分	自我评价/分	教师评价/分	实际得分/分
1．熟悉拼箱货出仓的工作流程		10			
2．了解拼箱货出仓各步骤的注意事项		20			
3．掌握拼箱货出仓相关单证的缮制、流转过程		30			
4．安全使用液压托盘车、堆高车等		30			
5．小组合作、分工情况		10			
合　　计		100			

注：实际得分=教师评价×60%+自我评价×40%。

知识拓展

一、拼箱货的概念

拼箱货又称为散货，即不能单独装满一整箱的少量货物，与其他货主的货物拼合在一起装箱后抵达目的地。该种货物通常是由承运人揽货之后并在集装箱货运站或内陆货运站集中，然后将两票以上的货物拼装在一个集装箱内，在目的地的集装箱货运站或内陆站拆箱分别交货。对于这种货物，承运人要负担装箱与拆箱作业，装拆箱费用向货主收取。承运人对拼箱货的责任与传统杂货运输基本相同。

二、集装箱货物基本分类

根据集装箱货物装箱数量和方式可分为整箱和拼箱两种。

1．整箱

整箱（Full Container Load，FCL）是指货方自行将货物装满整箱以后，以箱为单位托运的集装箱。这种情况通常在货主有足够货源装载一个或数个整箱时采用，除有些大的货主自己置备有集装箱外，一般都是向承运人或集装箱租赁公司租用一定的集装箱。空箱运到工厂或仓库后，在海关人员的监管下，货主把货装入箱内、加锁、铝封后交承运人并取得站场收据，最后凭收据换取提单或运单。

2．拼箱

拼箱（Less Than Container Load，LCL）是指承运人（或代理人）接受货主托运的数量不足整箱的小票货运后，根据货物的种类、性质和目的地进行分类整理。把去同一目的地的货物，集中到一定数量以后拼装入箱。由于一个箱内有不同货主的货物拼装在一起，所以叫拼箱。这种情况在货主托运数量不足装满整箱时采用。拼箱货的分类、整理、集中、装箱（拆箱）、交货等工作均在承运人码头集装箱货运站或内陆集装箱转运站进行。

拼箱可以分为直拼或转拼。直拼是指拼箱集装箱内的货物都在同一个港口装卸，在货物到达目的港前不拆箱，即货物为同一卸货港。直拼服务运期短，方便快捷，一般规模较大的

拼箱公司都会提供此类服务。转拼是指集装箱内不是同一目的港的货物，需要在中途拆箱卸货或转船。此类货物因目的港不同、待船时间长等因素，故运期较长，甚至运费偏高。

三、集装箱拼箱运输交接方式

集装箱拼箱运输的交接方式主要有：门到门（Door to Door），门到集装箱货运站（Door to CFS），门到集装箱堆场（Door to CY），集装箱货运站到门（CFS to Door），集装箱货运站到集装箱货运站（CFS to CFS），集装箱货运站到集装箱堆场（CFS to CY），集装箱堆场到门（CY to Door），集装箱堆场到集装箱货运站（CY to CFS），集装箱堆场到集装箱堆场（CY to CY）等。

随着国际贸易的迅速发展和运输服务的不断延伸，集装箱的运输条款必将不断扩充，以满足客户的个性化的需求。

四、拼箱特点

从实际操作看，拼箱货的承运方式大部分都是采用 CFS to CFS，其次是 Door to Door、Door to CFS、CFS to Door。主要原因是由拼箱货的性质决定的：

（1）由不同发货人和收货人货物的组成。拼箱中拼成的整箱是由多个不同的发货人和收货人的货物所组成。

（2）由于贸易条款和进出口国对各类商品的限制和要求的政策法规差异：有些商品和货物在出口时没有限制规定，但进口国有。一旦发生此类事情，不但会影响该票货物的通关，还会直接影响到同箱运输的其他货物。

（3）报关、检验等进出口货物的环节不同：同箱运输的数票货物，如有一票在通关、检验方面发生问题，包括漏检、漏验项目，造成时间的延误，就会影响拼成的整箱运输。

（4）单证齐全及货物的一致性：各种单证是否齐全，发收货人及目的港、货物的品名、规格、包装、数量、重量、尺码等都不能产生任何误差。例如重量，要是每一票都有轻微超重，就会影响到整箱货物的大幅超重，轻则给集装箱运输造成困难，重则会发生运输事故；又如尺码，如果每一票货物体积都超出，那整单货物的体积可能就会大于集装箱内容积而造成货物装不下甚至甩载，进而影响整个集装箱货物的出运。

（5）临时变更：从生产地到最后装船起航，贸易商及发货人会不断地检查和核实货物的真实事情，如发现误差，包括主观和客观造成的，都会提出修改单证或调整货物。因此，专业拼箱公司的职责，就是要是在货物装箱前，把货物所有情况都核实清楚，并且还要准确地判断货物到达目的港后可能发生的各种事宜，如有问题要及时和相关方面进行联系，以保证货物顺利运输。因拼箱过程中涉及货物票数较多，所以像这样的更改会比整箱货物频繁。

任务巩固

1. 在核对待出库拼箱货的入库凭证时，必须重点核对哪些项目？
2. 调查本地区拼箱货所占的比例。

任务二　装箱出运准备作业

任务目标

1. 了解装箱出运前需要准备的工具。
2. 掌握集装箱检验工作基本要求。
3. 理解装箱出运的概念。
4. 能认真倾听教师下达的任务，有表达自己观点的愿望，能提出意见和建议，能与他人合作、讨论，共同完成实训活动。

任务描述

装箱前的准备工作是确保货物准确无误地装入指定集装箱的关键。工作人员务必在装箱前仔细核查、清理待装的集装箱，并准备好装箱所需的工具、资料等。

现有一批宁波天龙物流一号仓库托盘货架区的纸箱货物计划在今天下午装箱，要求按照公司作业要求完成装箱前的准备工作。

任务实施

一、任务准备

1. 岗前准备

笔、订书机及订书机钉、板夹、照相机、胶带、装箱记录表、装箱记录图、出库装箱单，如果是晚上作业还需配备手电筒。

2. 装箱准备工作人员职责

（1）工作人员有做好装箱工具准备的职责。

（2）工作人员有核查、清理待装集装箱的职责。

二、任务过程

装箱出运准备工作按图 5-3 所示的流程进行。

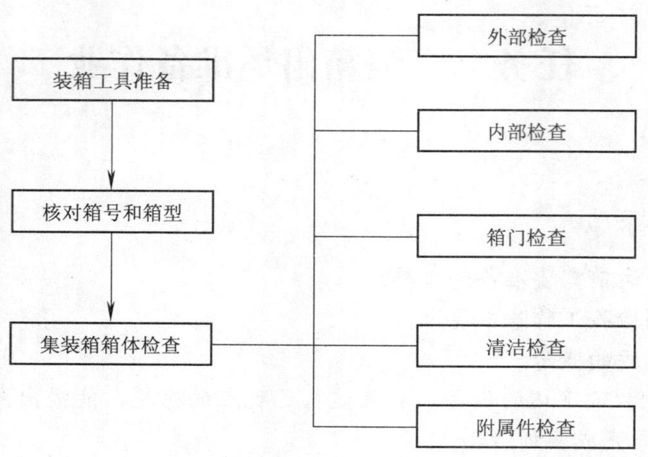

图 5-3　装箱出运准备工作

1．装箱工具准备

装箱前，工作人员必须根据装箱及办理装箱手续的需要准备好装箱过程中所要用到的各项工具，主要包括：笔、订书机及订书机钉、板夹、照相机、胶带、装箱记录表、装箱记录图、出库装箱单，如果是晚上作业还需配备手电筒。

2．核对箱号和箱型

找到集装箱后，首先要仔细核对箱号、箱型，认真核对每个字母和数字，并找库长或保管员签字确认。

如果不核对箱号，一旦装错箱，轻则导致倒箱重装，重则会导致货物全部错装，引发很多差错和事故，同时也会引起相关的索赔。

3．集装箱箱体检查

在核对箱号和箱型无误后，必须对待装集装箱进箱体检查，主要检查事项如下：

（1）外部检查：对箱子进行查看，外部是否有损伤、变形、破口等异常情况，如有应立即做好修理部位的标志。

（2）内部检查：对箱子的内侧进行查看，是否有漏水、漏光，有无污点、水迹，通风孔是否完好，是否有效通风透气等。

（3）箱门检查：箱门四周的水密性，门锁是否完整，箱门能否 270° 开启。

（4）清洁检查：箱子内有无残留物、污染、锈蚀异味、水湿。如果发现不符合要求的，应即时清扫、更换。

（5）附属件检查：查看货物的加固环节，如板架式集装箱的支援以及平板集装箱、敞篷集装箱上部延伸用加强结构等状态。

确保上述各项不存在问题以后方可进行装箱。如果发现集装箱有其他影响货物正常装箱作业的问题，要及时与库长或保管员取得联系，寻求解决方案。

任务评价

为帮助学生更快地掌握装箱出运准备作业，我们将进行学生团队大比拼训练，步骤如下：

第一步：五人一组自由组合，选出组长。

第二步：教师展示不同的装箱错误案例，由各小组进行抢答。

第三步：抢答过程中，教师及时指出正确答案，并给予讲评。

第四步：各组按要求完成下表中自我评价的填写，然后由教师对各组评价。

第五步：公布优胜团队。

<table>
<tr><td>被考评人</td><td colspan="2"></td><td>考评地点</td><td colspan="2"></td></tr>
<tr><td>考评内容</td><td colspan="5"></td></tr>
<tr><td colspan="2">考评标准</td><td>分值/分</td><td>自我评价/分</td><td>教师评价/分</td><td>实际得分/分</td></tr>
<tr><td colspan="2">1．了解装箱出运前需准备的工具</td><td>10</td><td></td><td></td><td></td></tr>
<tr><td colspan="2">2．掌握集装箱检验工作基本要求</td><td>30</td><td></td><td></td><td></td></tr>
<tr><td colspan="2">3．理解装箱出运的概念</td><td>10</td><td></td><td></td><td></td></tr>
<tr><td colspan="2">4．正确陈述装箱出运准备作业的流程</td><td>40</td><td></td><td></td><td></td></tr>
<tr><td colspan="2">5．小组合作、分工情况</td><td>10</td><td></td><td></td><td></td></tr>
<tr><td colspan="2">合　计</td><td>100</td><td></td><td></td><td></td></tr>
</table>

注：实际得分=教师评价×60%+自我评价×40%。

知识拓展

一、装箱出运的概念

装箱出运指货物由仓库拼装箱出口到目的港。仓库要对所装货物的具体情况负责，包括实际所装货物的总件数和实际装进货物的状态，仓库理货员在对货物的装箱过程中的相关信息做好记录，作为装箱实况的依据。通常仓库还要求装箱时进行拍照，如箱内每票货都要拍两张照片，一张必须拍到货物的唛头，另外一张则要显示货物的装箱位置。此外，还必须有以下三张照片：空箱情况、装箱完成和关半边门（此张要求显示箱号）各一张。

二、集装箱箱体标记的识别

为了便于对集装箱在流通和使用中识别和管理，便于单据编制和信息传输，所以国际标准化组织制定了集装箱标记，此标记即《集装箱的代号、识别和标记》(ISO 6346-1995)。该标准明确地规定了集装箱的内容、标记字体的尺寸、标记的位置等。

按此标准，集装箱标记可分为必备标记和自选标记两类，每一类标记又可分识别标记和作业标记两种。图 5-4 所示为集装箱端门标记。

图 5-4　集装箱端门标记

1．必备标记

（1）识别标记，包括箱主代号、顺序号和核对数字组成，如 CBHU 320273[2]。

1）箱主代号。国际标准化组织规定，箱主代号由四个大写的拉丁文字母表示，如示例中 CBHU。前三位是集装箱所有人向国际集装箱局登记注册的三个大写的拉丁文字母表示，第四个字母用 U 表示，代表该设备为集装箱。

2）顺序号又称箱号，用 6 位阿拉伯数字表示，如示例中 320273。若有效数字不足 6 位，则在有效数字前添加“0”补足 6 位。

3）核对数字，是用来判断对箱主代号和顺序号记录是否准确的依据，由一位阿拉伯数字表示，列于 6 位箱号之后，置于方框之中，如示例中的[2]。设置核对数字的目的是为了防止箱号在记录时发生差错。运营中的集装箱频繁地在各种运输方式之间转换，如从火车到卡车再到船舶等，不断地从这个国家到那个国家，进出车站、码头、堆场、集装箱货运站。每进行一次转换和交接，就要记录一次箱号。在多次记录中，如果偶然发生差错，记错一个字符，就会使该集装箱从此“不知下落”。为避免出现此类“丢失”集装箱及所装货物的事故，在箱号记录中设置了一个“自检测系统”，即设置一位“核对数字”。在集装箱运行中，每次交接记录箱号时，在将“箱主代号”与“箱号”录入计算机时，计算机就会自动按上述原理计算“核对数字”；当记录人员输入最后一位“核对数字”与计算机得出的数字不符时，系统就会自动提醒箱号记录“出错”。这样一来，就能有效避免箱号记录出错的事故。

（2）作业标记主要包括以下三个内容：

1）额定重量和自重标记。集装箱的空箱质量和箱内装载货物的最大容许重量之和，即最大工作总重量（Max gross），简称最大总重，以 R 表示。集装箱的自重（Tare weight）又称空箱重量（Tare mass），以 T 表示。ISO688 规定，应以千克（kg）和磅（lb）同时表示。

2）空陆水联运集装箱标记。由于空陆水联运集装箱的强度仅能对码两层，因而国际标准化组织对该集装箱规定了特殊的标志。该标志为黑色，位于侧壁和端壁的左上角，并规定标记的最小尺寸为：高 127mm，长 355mm，字母标记的字体高度至少为 76mm，如图 5-5 所示。

3）登箱顶触电警告标记。登箱顶触电警告标记为黄色三角形，一般设在罐式集装箱和位于登箱顶的扶梯处，以警告登箱顶者有触电危险，如图 5-6 所示。

图 5-5　空陆水联运集装箱标记

图 5-6　登箱顶触电警告标记

2. 自选标记

自选标记同样有识别标记和作业标记之分。在新标准中，识别标记中取消了国家代号，只保留了尺寸与类型代号；作业标记中超高标记划入到必备标记中，保留了国际集装箱联盟标记，同时还增加了最大载货重量标记。

（1）识别标记包括“尺寸代号”与“类型代号”

1）尺寸代号用两个字符表示。第一个字符表示箱长，第二个字符表示箱宽与箱高。

2）类型代号可反映集装箱的用途和特征。类型代号用两个字符表示。其中，第一个字符表示集装箱的类型，第二个字符表示某类型集装箱的特征。

（2）作业标记主要包括超高标记和国际铁路联盟标记。

1）超高标记为在黄色底上标出黑色数字和边框，凡是超过 2.6m 的集装箱都应贴上此标记，如图 5-7 所示。

2）国际铁路联盟标记是指凡符合《国际铁路联盟条例》规定的集装箱，可以获得此标记。方框下面的数字表示各个国际铁路联盟（UIC）成员的代码，例如 81 代表德国，87 代表法国，70 代表英国，33 代表中国等，如图 5-8 所示。

图 5-7　超高标记

图 5-8　国际铁路联盟标记

任务巩固

1. 货物装箱出运前必须对集装箱箱体的哪些事项进行检查？
2. 集装箱箱体标记的识别中，主要对哪几个方面进行重点识别？为什么？

任务三 集装箱装箱单缮制

任务目标

1. 理解集装箱装箱单的概念。

2. 掌握集装箱装箱单的流转程序。

3. 能够根据不同的情况灵活进行集装箱装箱出运过程中装箱单的缮制。

4. 在体验式学习中，让学生体会到学习英语的重要性、迫切性，同时培养学生与他人有效沟通的能力。

任务描述

装箱单有哪些用途？在集装箱的运输过程中，装箱单是如何流转的？一份完善的装箱单包含哪些必要的信息？请按照要求解答以上问题，并完成以下任务：有一批放在天龙物流二号仓库的纸箱需在今天下午装箱，要求按规定进行装箱前的准备。

任务分析

装箱单是详细记载箱内货物包装方式、包装材料、包装件数、货物规格、数量、重量以及在集装箱内装载情况等内容，便于进口商或海关等有关部门对货物的核准，是负责装箱的人对每一个载货集装箱必须要制作的单据，与集装箱货物的安全运输有着密切的联系。

任务实施

一、任务准备

1. 岗前准备

（1）多媒体设备，实训教室。

（2）按学生数量准备装箱单份数。

2. 工作人员职责

工作人员在装箱出运前有根据相关规定完成装箱单缮制的职责。

二、任务过程

1. 认识集装箱装箱单

集装箱装箱单（Container Load Plan）是详细记载每一个集装箱内所装货物名称、数量、尺码、重量、标志和箱内货物积载情况的单证，对于特殊货物还应加注特定要求，比如对冷藏货物要注明对箱内温度的要求等。它是集装箱运输的辅助货物舱单，主要用途有以下几方面：

（1）是发货人向承运人提供集装箱内所装货物的明细清单。

（2）在装箱地向海关申报货物出口的单据，也是集装箱船舶进出口报关时向海关提交的载货清单的补充资料。

（3）作为发货人，集装箱货运站与集装箱码头之间的货物交接单。

（4）是集装箱装卸两港编制装卸船计划的依据。

（5）是集装箱船舶计算船舶吃水和稳性的基本数据来源。

（6）在卸箱地作为办理集装箱保税运输手续和拆箱作业的重要单证。

（7）当发生货损时，是处理索赔事故的原始依据之一。

2. 集装箱装箱单的流转程序

集装箱装箱单每箱一份，一式数联，分别由货主、货运站、装箱人留存，供船代、海关、港方、理货公司使用，另外还需准备足够份数交船方随货带往卸货港，以便交接货物、报关和拆箱使用。集装箱货运站装箱时由装箱的货运站缮制；由发货人装箱时，由发货人或其代理人的装箱货运站缮制。集装箱装箱单是详细记载每一个集装箱内所装货物详细情况的唯一单据。所以在以集装箱为单位进行运输时，集装箱装箱单是极其重要的单据，一般来说，按图 5-9 所示的流程进行流转。

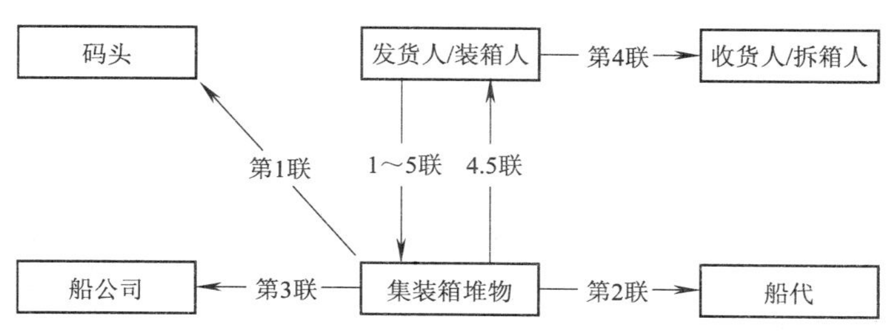

图 5-9　集装箱装箱单的流转程序

（1）装箱人将货物装箱，缮制装箱单，并在装箱单上签字。

（2）装箱单随同货物一起交付给拖车司机，指示司机将集装箱送至集装箱堆场，在接箱时应要求司机在装箱单上签字并注明拖车车牌号。

（3）集装箱送至堆场后，司机应要求堆场收箱人员签字并写明收箱日期，以此作为集装箱已进港/场的凭证。

（4）堆场收箱人在装箱单上签章后，留下码头联、船代联和承运人联（码头联用于编制装船计划，船代联和承运人联分送给船代合承运人用以缮制积载计划和处理货运事故），并将发货人/装箱人联退还给发货人或货运站。发货人或货运站除了留一份发货人/装箱人联备查外，将另一份送交发货人，以便发货人通知收货人或卸箱港的集装箱货运站，供拆箱时使用。

对于集装箱堆场留下的三联装箱单，除集装箱堆场自留码头联来编制装船计划外，还须将船代联及承运人联分送船舶代理人和船公司，据此缮制积载计划和处理货运事故。

3．缮制集装箱装箱单

装箱单（如图 5-10 所示）的主要缮制内容包括以下几个方面：

装 箱 单
CONTAINER LOAD PLAN

集装箱号 Container No.	集装箱规格 Type of Container: 20 40
铅封号 Seal No.	冷藏温度 Reefer. temp. Required °F ℃

船名 Ocean Vessel	航次 Voy. No.	收货地点 Place of Receipt □—场 CY □—站 CFS □—门 Door	装货港 Port of Loading	卸货港 Port of Discharging	交货地点 Place of Delivery □—场 CY □—站 CFS □—门 Door

箱主 Owner	提单号码 B/L No.	1. 发货人 Shipper	2. 收货人 Consignee	3. 通知人 Notify	标志和号码 Marks & Numbers	件数及包装种类 No. & Kind of Pkgs.	货名 Description of Goods	重量（公斤） Weight kgs.	尺码（立方米） Measurement Cu. M.
		底 Front							
		门 Door					总件数 Total Number of Packages 重量及尺码总计 Total Weight & Measurement		

危险品要注明危险品标志分类及闪点 In case of dangerous goods, please enter the label classification and flash point of the goods.	重新铅封号 New Seal No.	开封原因 Reason for breaking seat	装箱日期 Date of vanning:…… 装箱地点 at:……（地点及国名 Place & Country）		皮重 Tare Weight
	出口 Export	驾驶员签收 Received by Drayman	堆场签收 Received by CY	装箱人 Packed by: 发货人 货运站 (Shipper/CFS) ……（签署）Signed	总毛重 Gross Weight
	进口 Import	驾驶员签收 Received by Drayman	货运站签收 Received by CFS		发货人或货运站留存 1. SHIPPER/CFS （1）一式十份 此栏每份不同

图 5-10 装箱单

（1）当事人信息，包括箱主（Owner）、发货人（Shipper）、收货人（Consignee）、通知人（Notify）等。

（2）货物信息，包括标志和号码（Marks & Numbers）、件数及包装种类（No. & Kind or Pkgs）、货名（Description of Goods）、重量（Weight kgs）、尺码（Measurement Cu. M.）、总件数（Total Number of Packages）、重量及尺码总计（Total Weight & Measurement）等。

（3）集装箱信息，包括集装箱箱号（Container No.）、集装箱规格（Type of Container）、铅封号（Seal No.）、冷藏温度（Reefer，Temp. Required）、装箱日期（Date of vanning）、装箱地点：地名及国名（at：Place & Country）、皮重（Tare Weight）、总毛重（Gross Weight）、重新铅封号（New Seal No.）、开封原因（Reason for breaking seat）等。

（4）其他货运信息包括船名/航次（Ocean vessel/ Voy. No.）、收货地点（Place of receipt）、装货港（Port of loading）、卸货港（Port of discharging）、交货地点（Place of delivery）、提单号码（B/L No.）等。

任务评价

为帮助学生更快地掌握集装箱装箱单的缮制，我们将在课堂上进行学生比拼训练，步骤如下：

第一步：教师通过多媒体设备向学生展示货物出口信息。

第二步：学生根据教师提供的货物信息，完成集装箱装箱单的缮制。

第三步：教师抽取部分学生的装箱单进行课堂讲解，纠正错误，加深学生的理解。

第四步：学生修正自己的错误，并要求完成下表中自我评价的填写。

被考评人		考评地点			
考评内容					
考评标准		分值/分	自我评价/分	教师评价/分	实际得分/分
1．理解集装箱箱单的概念		20			
2．掌握集装箱箱单的流转程序		20			
3．能够根据不同的情况灵活正确地进行集装箱装箱出运过程中装箱单的缮制		60			
合　　计		100			

注：实际得分=教师评价×60%+自我评价×40%。

知识拓展

一、电子装箱单概述

随着港口集装箱吞吐量的逐年增加，纸质装箱单管理和作业模式已经不能适应进出口业务迅猛增长的需求。由于纸质装箱单存在着格式、内容不一致，报口岸监管单位的装箱单与报码头以及报船公司的装箱单内容不一致等问题，不仅造成码头、船公司作业的不便，也增加了海关、质检等监督单位的监管风险。因此，实现出口装箱单电子化对于口岸信息化建设具有重大意义。

电子装箱单系统只需货代企业或其委托的集装箱场站一次性输入出口重箱的电子装箱单，就可经港口的电子口岸 EDI 中心进行相对应的格式/代码转换和相关数据校验后，发送到集装箱码头、理货、海关和质检，完成装箱单数据的提前采集，保证了进重箱时装箱单数据的完整性，确保了进重箱业务能被智能闸口正确识别，大大缩短了货物进出闸口的时间。

二、电子装箱单使用常见问题

1．更改电子装箱单数据

电子装箱单内容发生更改时，如果该集装箱还未进港，发送方可按规定格式制作电子装箱单更改报文，通过 EDI 中心发送给相关方；如果该集装箱已进港，发送方须以书面形式向理货和装

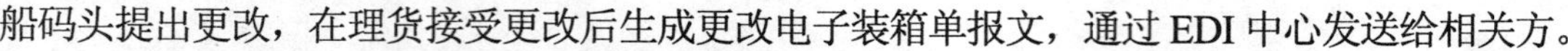

船码头提出更改，在理货接受更改后生成更改电子装箱单报文，通过 EDI 中心发送给相关方。

2．集装箱在进码头闸口时出现数据错误

（1）箱纸不符：纸面装箱单数据和实际箱数据不符，集装箱不得进场，必须重新打印纸面装箱单，再重新发送电子装箱单。

（2）箱纸相符：纸面装箱单数据和实际箱数据相符，但有以下情况之一的不得进场。

1）纸面装箱单与电子装箱单箱号不一致，码头闸口查不到此电子装箱单，集装箱不得进场，必须重新发送电子装箱单。

2）纸面装箱单与电子装箱单箱号一致，但船名、航次、提单号、危险品信息、温度要求、卸货港、箱型、尺寸等项目有一处及一处以上不一致的，集装箱不得进场，必须到改单处改单，重新发送电子装箱单。

三、电子装箱单流程

（1）通过各个预录入点，将货物装箱信息进行预录入，实现信息的直接接受。

（2）将各个预录入点的数据信息实时汇总到装箱单业务系统进行处理。

（3）通过数据分发的形式，实时发送准确的运抵报告数据，确保货物成功完成报关手续。

（4）码头在集装箱实际进入码头后，实时发送准确的运抵报告数据，确保货物成功完成报关手续。

四、电子装箱单价值

1．给港口码头带来的好处

以前纸质装箱单都是随车由司机带到码头道口，再由道口的工作人员输入各自计算机系统内。由于码头不能事先得到这方面资料，影响集装箱的进场安排和道口通行速度。采用 EDI 传输可使码头在车到之前及时得到装箱单信息，车到道口后只要经过简单确认即可，便于码头安排进场作业，道口通行能力也大大加快，使码头获得更大的经济效益。

2．给货主带来的好处

电子装箱单的实施，推动了出口舱单电子化的顺利实现，采用 Web 录入方式，只要身边有能上网的计算机就可以录入电子装箱单信息，能自动匹配船名代码、箱型代码和港口代码，并能支持按照船名、航次、提单号、箱号等多种查询方式，准确反映电子装箱单的流转情况，同时提供精准的电子装箱单报文统计，帮助客户实时了解电子装箱单的发送情况，为客户监控自己的箱量提供便利，大大提高了外贸运作效率，缩短了货主的出口时间，避免了因单证不符而造成货主出口退税的延误。

3．给船舶代理带来的好处

电子装箱单的实施，使船舶代理可以根据码头提供的已进电子装箱单和理货提供的反映货箱实际装船的转船报告出口船图，及时缮制出口舱单并交给船公司。

4．改善了口岸的整体形象

电子装箱单的运作为出口部分提供了数据，可带动整个出口一条线的 EDI 运作，不但可以加速出口运输进程，更重要的是加快口岸与国际接轨的进程，改善了口岸形象。

自2009年自6月15日起，宁波港下属五个集装箱码头（NBCT、北二集司、港吉公司、远东公司、大榭招商码头）统一要求进港集装箱在进入码头闸口前提供准确、完整的电子装箱单信息。自电子装箱单工作推广以来，货代、车队等企业每笔出口业务可平均减少5次往返奔波。

任务巩固

阐述集装箱装箱单电子化的优势。

任务四　装箱理货作业

任务目标

1. 了解集装箱装箱理货的一般要求。
2. 掌握集装箱装箱理货的作业流程。
3. 能根据具体装箱情况，合理解决装箱中出现的问题。
4. 培养学生文明装箱，以货主的高度责任心对待爱护一切货物，并能合理、灵活处理作业中出现的各种问题，与他人合作共同完成实训活动。

任务描述

装箱过程的合理化对集装箱装载能力的合理利用、责任交接及运输安全等重要问题有着决定性的影响。集装箱对货物的装载有哪些要求？装箱理货要经历怎样的作业流程？在装箱过程中应该如何合理搭配各种待装货物的体积、重量？理货员在装箱理货过程中要承担哪些职责？这些问题都需要装箱工作人员合理加以考虑。

现有一批放在天龙物流一号仓库托盘货架区的纸箱货物需在今天下午装箱，要求在规定时间内完成货物装箱工作（作业场地为集装箱模拟空间）。

任务实施

一、任务准备

1．岗前准备

笔、订书机、订书机钉、板夹、照相机、胶带、装箱记录表、装箱记录图、出库装箱单。

2. 工作人员职责

(1) 严格按照操作人员指令装箱，装箱前先计算一下装箱方法，并确认是否能装下。

(2) 工作人员有实施货物装箱的职责，并把自己当天经手的托盘上的小票与装箱的原始凭证仔细整理并保存。

(3) 工作人员有填写装箱记录图、表，并对相关材料进行归档整理的职责。

(4) 对自己经手所装的集装箱必须按照要求进行拍照留存。

二、任务过程

装箱理货工作流程如图 5-11 所示。

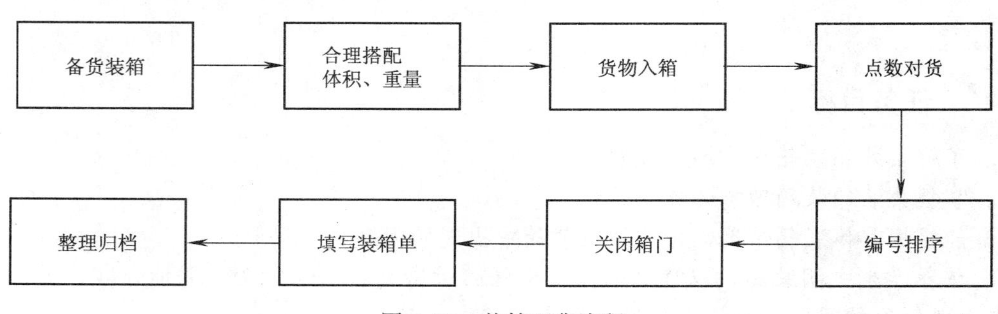

图 5-11 装箱理货流程

具体工作步骤如下：

1. 备货装箱

根据货物的规格和重量指挥叉车备货装箱。在实际操作中，装箱前理货员在接到库长或保管员所指派的装箱任务时，叉车工都会在装箱前将所要装箱的货物备货到所装集装箱的对应备货区内。理货员在装箱开始前要到装箱区熟悉一下自己所装箱的货物，包括了解货物的重量、规格及总板数是否相符。

2. 合理搭配体积、重量

(1) 按装箱单上确定的要求进行装箱。

(2) 未确定装箱顺序的装箱单，应根据货物的大小、轻重、易碎状态、易变形等因素进行装箱，依据下重上轻、先紧后松的原则，较重货物应分布均匀，不能单边重，导致无法吊箱，易碎易变形的货物应尽量装在箱子的上方。

(3) 要注意箱型与体积，装箱货物总体积大的应紧装，总体积不超过 25、55、65m^3 的应平均分布装（托盘箱除外）

(4) 拼箱货物、某些船公司的货物（如马士基船公司）装箱时，应及时记录所装货物的具体位置，完成装箱后画好平面图，标明货物在箱内的分布状况。

海运集装箱箱型规格体积，见表 5-1。

表 5-1　集装箱箱型规格体积

型号	自重/kg	规格内径（长×宽×高）	容量/m³	最大的重量（含自重）/kg
22G（20GP）小箱	2 300	5.81m×2.33m×2.32m（箱门口、2.38 箱内）	28～30	23 000
42G（40GP）平箱	3 800	11.84m×2.33m×2.34m（箱门口、2.38 箱内）	58～60	31 000
45G（40HQ）高箱	4 000	11.84m×2.33m×2.58m（箱门口、2.68 箱内）	68～70	31 000
L5G1 超长	4 100	13.46m×2.33m×2.58m（箱门口、2.68 箱内）	76～78	38 000

3. 货物入箱

（1）理货员在装箱期间要一直站在集装箱里面，指挥并监督货物入箱，不能随意走动，更不能离开自己负责的集装箱，确保每件货物进出都仔细核对无误。

1）核对每板货上面是否有商品卡，并核对卡片信息及入库凭证的相关信息是否与出库装箱单上的信息一致。每板货装箱前理货员要将货物商品卡取下，核对好装箱相关数据和信息后可装箱。

2）唛头核对，核对实际装箱货物和装箱单上货物的唛头是否一致。

3）进仓编号核对，核对每板货物进仓编号是否与出仓单进仓编号一致。

4）清点装箱数量，每板货每层都要仔细清点，并且在货物商品卡上如实记录实际装箱件数，清点件数过程中应避免单个清点。

5）检查外包装，发现有破损等情况要及时做好粘贴、修补处理。

针对以上事项，若发现特殊情况应立即通知库长或保管员。

（2）理货员还要做好指挥叉车工和装卸工将货物安全并准确地放入箱内的工作。叉车工在操作货物安全放入箱内时，叉车一定要较稳地将货物落地，防止货物在叉运过程中掉落，造成货物损坏；装卸工针对货物特性，如箭头指示向上堆码、易碎轻放及立方松紧等问题，做好装卸工装箱的监督指挥工作，同时要求装卸工在装箱时不要直接踩踏货物外包装，并确保纸箱完好清洁。

4. 点数对货

每票货物装箱完成后要及时核对每板的总件数，确保与所配箱件数一致，保证件数无误。若有件数不符立即停止装箱，通知库长或保管员。

5. 编号排序

按实际装箱件数重新对装箱货物进行编排序号。例如装箱技巧：数格子，平箱一个格子约 1.44m^3，高箱约 1.65m^3。

6. 关闭箱门

每票货物全部装箱完成后要及时关好箱门，能扣住门锁的要扣住，如不能扣住的，要用加固带系好，以免在吊箱时货物掉落。

7. 填写装箱单

装箱单主要记录实际装箱情况，包括装箱总票数、件数、立方数，空箱箱体的检查情况，内装货物包装状态，装箱情况，立方情况，箱门口货物情况，重箱位置，箱门是否关好等；并在装箱单上备注装箱起止时间，照片序号，天气状况，理货员、叉车工和装卸工姓名等。

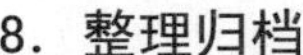

8．整理归档

核对入库凭证信息，确保与出库清单相对应，具体核对事项如下：

（1）数量核加：每板货件数相加，与入库凭证对应。

（2）装订整理出库清单：按出库装箱单的顺序把入库凭证和装箱单一起装订好。

任务评价

为帮助学生更快地合理掌握装箱理货作业技巧，我们将进行团队大比拼训练，步骤如下：

第一步：五人一组自由组合，选出组长。

第二步：团队在组长组织下进行组内分工，做好大比拼准备。

第三步：教师在实训工场准备不同规格、包装的货物，随机发给不同的小组。

第四步：各组按要求进行装箱作业，并完成下表中自我评价的填写，然后由教师对各组评价。

第五步：公布优胜团队，引导学生注意训练中的语言表达、团队合作问题等。

被考评人		考评地点		
考评内容				
考评标准	分值/分	自我评价/分	教师评价/分	实际得分/分
1．了解集装箱装箱理货的一般要求	10			
2．掌握集装箱装箱理货的作业流程	20			
3．能根据具体装箱情况，合理完成装箱作业	50			
4．安全操作，无任何事故发生	10			
5．小组合作、分工情况	10			
合　计	100			

注：实际得分=教师评价×60%+自我评价×40%。

知识拓展

一、集装箱货物装载的一般要求

使用集装箱装载的货物千差万别，装载的要求也各有不同，但一般应满足下述基本要求：

1．重量的合理分配

根据货物的体积、重量、外包装的强度以及货物的性质进行分类，把外包装坚固和重量较重的货物装在下面，外包装较为脆弱、重量较轻的货物装在上面。装载时要使货物的重量在箱底上均匀分布。否则，有可能造成箱底脱落或底梁弯曲。如果整个集装箱的重心发生偏移，当用扩伸抓具起吊时，有可能会造成集装箱发生倾斜，此外还将造成运输车辆前后轮重量分布不均。

2．货物有必要衬垫

装载货物时，要根据包装的强度来决定对其进行必要的衬垫。对于外包装脆弱的货物、易碎货物应夹衬缓冲材料，防止货物相互碰撞挤压。为填补货物之间和货物与集装箱侧壁之间的空隙，有必要在货物之间插入垫板、覆盖物之类的隔货材料。要注意对货物下端进行必要的衬垫，使重量均匀分布。对于出口集装箱货物，若其衬垫材料属于植物检疫对象的，箱底应改用非植物检疫对象的材料。

3．货物的合理固定

货物在装箱后，一般都会产生空隙。由于空隙的存在，必须对箱内货物进行固定处理，以防止在运输途中，尤其是海上运输中由于船体摇摆而造成货物坍塌与破损。货物的固定方法主要有以下几种：

（1）支撑。用方形木条等支柱使货物固定。

（2）塞紧。货物与集装箱侧壁之间用方木等支柱在水平方向加以固定，货物之间插入填塞物、缓冲垫、楔子等防止货物移动。

（3）系紧。用绳索、带子等索具或用网具等捆绑货物。

由于集装箱的侧壁、端壁、门板处的强度较弱，因此在集装箱内对货物进行固定作业时要注意支撑和塞紧的方法，不要直接撑在这些地方，应设法使支柱撑在集装箱的主要构件上。此外，也可将衬垫材料、扁平木材等制成栅栏来固定货物。绑扎固定对于缓冲运输中产生的冲击和振动也具有明显效果。随着新型缓冲衬垫材料的不断出现，货物的固定于衬垫式方法也将发生明显进步。

4．货物合理混装

货物混装时，要避免相互污染或引起事故。

（1）干、湿货物的混装。液体货物或水分较高的货物与干燥货物混装时，如果出现泄漏渗出液汁或因结霜产生水滴情况，就有可能引起干燥货物的湿损、污染、腐败等事故，因此要尽可能避免混装。当然，如果液体货物装在坚固的容器内，或装在下层，可以考虑混装。

（2）避免与强臭货物或气味强烈的货物混装。例如肥料、鱼粉、兽皮等恶臭货物以及胡椒、樟脑等强刺激货物不得与茶、咖啡、烟草等香味品或具有吸臭性的食品混装。对于与这些恶臭、强臭货物混装的其他货物也应采取必要措施，有效阻隔气味。

（3）避免与粉末类货物混装。水泥、肥料、石墨等粉末类的货物与清洁货物不得混装。

（4）危险货物之间不得混装。危险货物相互混装，容易引发着火和爆炸等重大安全事故。

（5）包装不同的货物分别装载。木质包装的货物不要与纸质包装或袋包装的货物混装，防止包装破损。

二、集装箱装箱的注意事项

（1）在货物装箱时，任何情况下箱内所装货物的重量不能超过集装箱的最大装载量，集装箱的最大装货重量由集装箱的总重减去集装箱的自重求得；总重和自重一般都标示于集装箱的箱门上。

（2）每个集装箱的单位容重是一定的，如果箱内只装载一种货物时，只要知道货物密度，就能断定是重货还是轻货。货物密度大于箱的单位容重的是重货，装载的货物以重量计算。反之货物密度小于箱的单位容重的是轻货，装载的货物以容积计算。及时正确地区分这两种情况，对于提高装箱效率是很重要的。

（3）装载时要使箱底的负荷平衡，箱内负荷不得偏于一端或一侧，特别是要严格禁止负荷重心偏在一端的情况。

（4）要避免产生集中载荷，如装载机械设备等重货时，箱底应铺上木板等衬垫材料，尽量分散其负荷。标准集装箱底面平均单位面积的安全负荷大致如下：20 英尺集装箱为 1 330×9.8N/m，40 英尺集装箱为 980×9.8N/m^2。

（5）用人力装货时要注意包装上有无“不可倒置”、“平放”、“竖放”等装卸指示标志。要正确使用装货工具，捆包货禁止使用手钩。箱内所装的货物要装载整齐、紧密堆装。容易散捆和包装脆弱的货物，要使用衬垫或在货物间插入胶合板，防止货物在箱内移动。

（6）装载货板货时要确切掌握集装箱的内部尺寸和货物包装的外部尺寸，以便计算装载件数，达到尽量减少弃位、多装货物的目的。

（7）用叉式装卸车装箱时，将受到机械的自由提升高度和门架高度的限制。在条件允许的情况下，叉车装箱可一次装载两层，但上下之间应留有一定的间隙。如条件不允许一次装载两层，则在箱内装第二层时，要考虑叉式装卸车的自由提升高度和叉式装卸车门架可能起升的高度。这时门架起升高度应为第一层货高减去自由提升高度，这时第二层货物才能装在第三者层货物上层。

一般用普通起重量为 2t 的叉式装卸车，其自由提升高度为 50cm 左右。还有一种是全自由提升高度的叉式装卸车，这种机械只要箱内高度允许，就不受门架起升高度的影响，能很方便地堆装两层货物。此外，还应注意货物下面应铺有垫木，以便使货叉能顺利抽出。

（8）拼箱货在混装时应注意如下几点：

1）轻货要放在重货上面。

2）包装强度弱的货物要放在包装强度强的货物上面。

3）不同形状、不同包装的货物尽可能不装在一起。

4）液体货和清洁货要尽量在其他货物下面。

5）从包装中会渗漏出灰尘、液体、潮气、臭气等的货物，最好不要与其他货混装在一起。如不得不混装时，就要用帆布、塑料薄膜或其他衬垫材料隔开。

6）带有尖角或突出部件的货物，要把尖角或突出部件保护起来，使它无法损坏其他货物。

（9）冷藏货装载时应注意如下事项：

1）冷冻集装箱在装货过程中，冷冻机要停止运转。

2）在装货前，冷冻集装箱内使用的垫木和其他衬垫材料要预冷；要选用清洁卫生的衬垫材料，不得污染货物。

3）不要使用纸板、木板等材料作衬垫，以免堵塞通风管和通风口。

4）装货后箱顶与货物顶部一定要留出空隙，使冷气能有效地流通。

5）必须注意到冷藏货要比普通杂货更容易滑动，也容易破损，因此要对货物加以固定。固定货物时可以用网具等作衬垫材料，这样不会影响冷气的循环和流通。

6）严格禁止已降低鲜度或已变质发臭的货物装进箱内，以避免损坏其他正常货物。

（10）危险货物装箱时应注意如下事项：

1）货物装箱前应调查清楚该类危险货物的特性、防灾措施和发生危险后的处理方法，作业场所要选在避免日光照射、隔离热源和火源、通风良好的地点。

2）作业场所要有足够的面积和必要的设备，以便发生事故时能及时有效地处置。

3）作业时要按有关规则的规定执行。作业人员操作时应穿好防护工作衣，戴好防护面具和橡皮手套。

4）装货前应检查所用集装箱的强度、结构，防止使用不符合装货要求的集装箱。

5）装载爆炸品、氧化性物质的危险货物时，装货前箱内要仔细清扫，防止箱内因残存灰尘、垃圾等杂物而产生着火、爆炸的危险。

6）要检查危险货物的容器、包装、标志是否完整，与运输文件上所载明的内容是否一致。禁止包装有损伤、容器有泄漏的危险货物装入箱内。

7）固定危险货物的材料，应注意防火要求和具有足够的安全系数和强度。

8）危险货物的任何部分都不允许突出于集装箱外，装货后箱门要确保正常关闭。

9）有些用纸袋、纤维板和纤维桶包装的危险货物，遇水后会引起化反应而发生自燃、发热或产生有毒气体的，应严格进行防水检查。

10）各国对于危险货物的混载问题有着不同的规定，例如日本和美国规定，禁止在同一区域内装载的危险货物、不能进行混合包装的危险货物严禁混载在同一集装箱内。英国规定，不能把属于不同等级的危险货物混载在同一集装箱内。在实际装载作业中，应尽量避免把不同的危险货物混装在一个集装箱内。

11）危险货物与其他货物混载时，应尽量把危险货物装在箱门附近。

12）严禁危险货物与仪器类货物混载。

13）在装载时不能采用抛扔、坠落、翻倒、拖曳等方法，避免货物间的冲击和摩擦。

任务巩固

1. 简述集装箱装箱理货的具体流程。
2. 集装箱货物装载中的一般要求有哪些？

任务五　处理特殊装箱问题

任务目标

1. 了解装箱过程中所涉及的各种特殊要求和问题。
2. 掌握装箱过程中所涉及的各种特殊要求和问题的处理方法。
3. 培养学生分析具体问题的能力、提高解决问题的能力，并认识物流作业中的挑战性。

任务描述

由于运输安全、责任划分问题，很多客户对货物装箱过程有着各种各样特殊的要求，因此工作人员务必在装箱前进行详细了解，妥善地处理装箱过程中可能会发生的特殊情况。这是一名合格的装箱人员必备的职业素质。那么，客户往往会对装箱作业提出哪些特殊要求？在装箱过程中又会遇到什么样的特殊情况呢？清楚了解这些问题，才能保证正确无误地按照客户要求完成货物装箱任务，减少作业差错，提高客户满意度。

现有一批放在天龙物流三号仓库的货物需在今天下午装箱，工作人员应在装箱前了解清楚该批货物有无特殊装箱要求，同时注意装箱过程中所出现的特殊问题并给出相应处理办法。

任务实施

一、任务准备

1．岗前准备

多媒体设备，分组讨论记录表。

2．工作人员职责

工作人员应积极主动地了解货物对装箱过程的各种特殊要求并按要求完成装箱任务。

二、任务过程

1．处理装箱理货的特殊要求

（1）拍照：要求照片一定要重点突出，并保证拍摄质量及数量。以马士基航运公司为例，一般要拍 5 张照片：第一张为空箱状态；第二张为集装箱内货物装一半的状态；第三张为集装箱内货物全部装完状态；第四张照片要求把带有箱号的门关上，另一扇门敞开，箱号和货物同时拍进照片；第五张为箱门全部关好的状态。

（2）装箱位置：有哪些货物是要求先装箱的，有无货物需要装在门口。

（3）了解待装货物的总立方数。

（4）货箱是否处于海关监装下。

（5）是否存在下列特殊货物：

1）超高货物：一般干货箱箱门有效高度范围是 20 英尺箱为 2135～2154mm；40 英尺箱子 2265～2284mm）。如货物超过这一范围，则为超高货物。超高货物必须选择开顶箱或板架箱装载。

2）超宽货物：超宽货物一般采用板架箱、平台箱运输。集装箱运输允许货物横向超出货箱的尺度要受到集装箱船舶结构（箱格）、陆上运输线路（特别是铁路）允许宽度限制以及受到使用装卸机械种类的限制（如跨运车对每边超宽量大于 10cm 以上的集装箱无法作业）。超宽货物装载时应给予充分考虑这一因素。

3）超长货物：超长货物一般应采用板架箱装载，装载时应事先征得船公司的同意。

4）超重货物：集装箱标准对集装箱和货物的总重量是有明确的限制（20 英尺箱为 23t，40 英尺为 31t）。所有的运输工具和装卸机械都是根据这个重量标准设计的。货物装入集装箱后，总重量不得超过上述规定值，因此超重是绝对不允许的。

5）不规则机器：首先分析此货物能否装箱，装箱过程中是否会对其他货物产生影响，然后可作适当的外部处理，同时也可以直接上报库长或保管员，确认解决方案。

2．装箱理货时的常见特殊问题

（1）唛头不符。

（2）货箱装不下。

（3）货物外包装破损严重、潮湿等。

（4）货物件数不符。

（5）外包装明显开裂少货。

在装箱过程中一旦发现存在以上任一情形的，应立即停止装箱。同时联系库长或保管员，在库长或保管员确定此货为实际装箱货物，并确认无误通知可继续装箱后方可继续装箱。

3．学生分组讨论总结

全班五人一组分若干组，由各组针对装箱中的某种货物的特殊要求或特殊问题的处理办法进行讨论，由组长将各组员的发言记录在表 5-2 中。

表 5-2 分组讨论记录表

班级：　　　　　　　　组号：

组长：　　　　　　　　小组成员：

讨论主题：

组员发言记录	
讨论小结	
组长对本组成员表现的总结	
教师点评	

任务评价

为帮助学生更快地掌握装箱中的特殊问题处理，我们将进行分组团队大比拼训练，步骤如下：

第一步：五人一组自由组合，选出组长。

第二步：团队在组长组织下进行组内分工，做好大比拼准备。

第三步：教师通过多媒体设备展示各种特殊货物和特殊问题，各小组进行抢答。

第四步：各组按要求完成下表中自我评价的填写，然后由教师对各组评价。

第五步：教师结合各组所填写的表 5-2，公布优胜团队，引导学生注意训练中的语言表达、团队合作等问题。

被考评人		考评地点		
考评内容				
考评标准	分值/分	自我评价/分	教师评价/分	实际得分/分
1．了解装箱过程中所涉及的各种特殊要求和问题	10			
2．掌握装箱过程中所涉及的各种特殊要求和问题的处理方法。抢答正确一次加 5 分	60			
3．表 5-2 分组讨论记录表填写合理、有效	20			
4．小组合作、分工	10			
合　计	100			

注：实际得分=教师评价×60%+自我评价×40%。

知识拓展

一、典型货物的装箱操作

1．纸箱货的装箱操作

纸箱是集装箱货物中最常见的一种包装，一般用于包装比较精细和质轻的货物。

（1）如集装箱内装的是同一尺寸的大型纸箱，会产生空隙。当空隙为 10cm 左右时一般不需要对货物进行固定，但当空隙较大时就需要根据货物具体情况加以固定。

（2）如果不同尺寸的纸箱混装，应将纸箱大小合理搭配，做到紧密堆装。

（3）拼箱的纸箱货应进行隔票。隔票时可使用纸、网、胶合板、货板等材料，也可以用粉笔等作记号。

（4）纸箱货不足以装满一个集装箱时，应注意纸箱的堆垛高度，以满足使集装箱底面占满的要求。

（5）纸箱的装载和固定操作。

1）装箱要从箱里往外装，或从两侧往中间装。

2）在横向产生250～300cm的空隙时，可以利用上层货物的重量把下层货物压住，最上层货物一定要塞满或加以固定。

3）如所装的纸箱很重，在集装箱的中间层就需要适当加以衬垫。

4）箱门端留有较大的空隙时，需要利用方形木条来固定货物。

5）装载小型纸箱货时，为了防止塌货，可采用纵横交叉的堆装法。

2. 木箱货的装箱操作

木箱的种类繁多，尺寸和重量各异。木箱装载和固定时应注意以下问题：

（1）装载比较重的小型木箱时可采用骑缝装载法，使上层的木箱压在下层两木箱的接缝上，最上一层必须加以固定或塞紧。

（2）装载小型木箱时，如箱门端留有较大的空隙，则必须用木板和木条加以固定或撑紧。

（3）重心较低的重型大木箱只能装一层且不能充分利用箱底面积时，应装在集装箱的中央，底部横向必须用方形木条加以固定。

（4）对于重心高的木箱，仅靠底部固定是不够的，还必须在上部面用木条撑紧。

（5）装载特别重的大型木箱时，经常会形成集中负荷或偏心负荷，因此必须使用专用的固定设施，不让货物与集装箱前后端壁接触。

（6）装载框箱时，通常是使用钢带拉紧，或用具有弹性的尼龙带或布带来代替钢带。

3. 货板货的装箱操作

货板上通常装载纸箱货和袋装货。纸箱货在上下层之间可用粘贴法固定。袋装货装板后要求袋子的尺寸与货板的尺寸一致，对于比较滑的袋装货也要用粘贴法固定。货板在装载和固定时应注意以下问题：

（1）货板的尺寸如在集装箱内横向只能装一块时，则货物必须放在集装箱的中央，并用纵向垫木等加以固定。

（2）装载两层以上的货物时，无论空隙在横向或纵向，底部都应用档木固定，而上层货板货还需要用跨档木条塞紧。

（3）如货板数为奇数时，则应把最后一块货板放在中央，并用绳索通过系环拉紧。

（4）货板货装载框架集装箱时，必须使集装箱前后左右的重量平衡。装货后应用尼龙带或布带把货物拉紧，货物或装完后集装箱上应加罩帆布或塑料薄膜。

（5）袋装的货板货应根据袋包的尺寸，将不同尺寸的货板搭配起来，以充分利用集装箱的容积。

4. 捆包货的装箱操作

捆包货包括纸浆、板纸、羊毛、棉花、棉布、其他棉织品、纺织品、纤维制品以及废旧物料等，其平均每件重量和容积常比纸箱货和小型木箱货大。一般捆包货都用杂货集装箱装载。

在装载和固定捆包货时应注意以下问题：

（1）捆包货一般可横向装载或竖向装载，以充分利用集装箱箱容。

（2）捆包或装载时一般都要用厚木板等进行衬垫。

（3）用粗布包装的捆包货，一般比较稳定，不需要再额外加以固定。

5．袋装货的装箱操作

袋包装有麻袋、布袋、塑料袋等类型，主要装载的货物有粮食、咖啡、可可、废料、水泥、粉状化学药品等。通常，袋包装材料的抗潮、抗水湿能力较弱，故装箱完毕后最好在货物顶部铺设塑料等防水遮盖物。袋装货在装载和固定时应注意的问题如下：

（1）袋装货一般容易倒塌和滑动，可用粘贴剂粘固或在袋装货中间插入衬垫板和防滑粗纸。

（2）袋包一般在中间呈鼓凸形，通常采用的堆装方法有砌墙法和交叉法。

（3）为防止袋装货堆装过高而有塌货的危险，所以需要用系绑用具加以固定。

6．滚动类货物的装箱操作

操作卷纸、卷钢、钢丝绳、电缆、盘元等卷盘货，塑料薄膜、柏油纸、钢瓶等滚筒货以及轮胎、瓦管等均属于滚动类货物。滚动货装箱时一定要注意消除其滚动的特性，做到有效、合理地装载。

（1）卷纸类货物的装载和固定操作。原则上卷纸类货物应竖装，并应保证卷纸两端的截面不受污损。只要把靠近货箱门口的几个卷纸与内侧的几个卷纸用钢带捆在一起，并用填充物将箱门口处的空隙填满，即可将货物固定。

（2）盘元的装载和固定操作。盘元是一种只能用机械装载的重货，一般在箱底只能装一层。最好使用井字形的盘元架。大型盘元还可以用直板系板、夹件等在集装箱箱底进行固定。

（3）电缆的装载和固定操作。电缆是绕在电缆盘上进行运输的，装载电缆盘时也应注意箱底的局部强度问题。大型电缆盘在集装箱内只能装一层，一般使用支架以防止滚动。

（4）卷钢的装载和固定操作。卷钢虽然也属于集中负荷的货物，但是热轧卷钢一般比电缆轻。装载卷钢时，一定要使货物之间互相贴紧，并装在集装箱的中央。对于3t左右的卷钢，除了用钢丝绳或钢带通过箱内系环将卷钢系紧外，还应在卷钢之间用钢丝绳或钢带连接起来；对于5t左右的卷钢，还应再用方形木条加以固定。固定时通常使用钢丝绳，而不使用钢带，因为钢带容易断裂。

（5）钢瓶的装载和固定操作。应根据轮胎的直径、厚度来研究其装载方法，并加以固定。普通卡车用的小型轮胎竖装或横装都可以。横装时比较稳定，不需要特别加以固定，而大型轮胎一般以竖装为多。

7．桶装货的装箱操作

桶装货一般包括各种油类、液体和粉末类的化学制品、酒精、糖浆等，其包装形式有铁桶、木桶、塑料桶、胶合板桶和纸板桶等 5 种。除桶口在腰部的传统鼓形木桶外，桶装货在集装箱内均以桶口向上的竖立方式堆装。由于桶体呈圆柱形，故在箱内堆装和加固的方法均由一定具体尺寸决定，使其与箱形尺寸相协调。

（1）铁质桶的装载与固定操作。集装箱运输中以 0.25m^3（55 加仑）的铁桶最为常见。这种铁桶在集装箱内可堆装两层，每一个 20 英尺型集装箱内一般可装 80 桶。装载时要求桶与桶之间要靠近，对于桶上有凸缘的铁桶，为了使桶与桶之间的凸缘错开，每隔一行要垫一块垫高板，装载第二层时同样要垫上垫高板，而不垫垫高板的这一行也要垫上胶合板，使上层的桶装载稳定。

（2）木质桶的装载和固定操作。木桶一般呈鼓形，两端有铁箍，由于竖装时容易脱盖，故原则上要求横向装载。横装时在木桶的两端垫上木楔，木楔的高度要使桶中央能离开箱底，避免桶的腰部受力。

（3）纸板桶的装载和固定操作。纸板桶的装载方法与铁桶相似，但其强度较弱，故在装箱时应注意不能使其翻倒而产生破损。装载时必须竖装，装载层数要根据桶的强度而定，有时要有一定限制，上下层之间一定有插入胶合板做衬垫，以便使负荷分散。

二、车辆的装箱操作

集装箱内装载的车辆有小轿车、小型卡车、各种叉式装卸车、推土机、压路机和小型拖拉机等。一个杂货集装箱只能装一辆小轿车，因此货箱内将产生较大的空隙。如果航线上有回空的冷冻集装箱或动物集装箱，则用来装小轿车比较理想，因为冷冻集装箱和动物集装箱的容积比较小，可以更有效地利用集装箱的箱容。而对于各种叉式装卸车、拖拉机、推土机及压路机等特种车辆的运输，通常采用板架集装箱来装载。

1．小轿车和小型卡车的装载和固定操作

小轿车和小型卡车一般都采用密闭集装箱装载。固定时可利用集装箱上的系环把车辆拉紧，然后再利用方形木条钉成井字形木框垫在车轮下面，防止车辆滚动，同时应在轮胎与箱底或木条接触的部分用纱布或破布加以衬垫。也可按货主要求，不垫方形木条，只用绳索拉紧即可。利用冷冻箱装箱时，可用箱底通风轨上的孔眼进行拉紧。

2．各种叉车的装卸和固定操作

装载叉式装卸车时，通常都把货叉取下后装在箱内。装箱时，在箱底要铺设衬垫，固定时要用纱头或布将橡胶轮胎保护起来，并在车轮下垫塞木楔或方形木条，最后要利用板架集装箱箱底的系环，用钢丝绳系紧。

3．推土机和压路机的装载和固定操作

推土机、压路机的单位重量很大，一般一个板架集装箱内只能装一台，通常都采用吊车从顶部装载，装载时必须注意车辆的履带是否在集装箱下侧梁上，因为铁与铁的直接接触很容易产生滑动，所以箱底一定要衬垫厚木板。

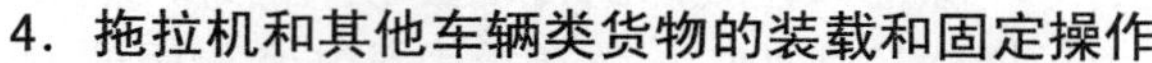

4．拖拉机和其他车辆类货物的装载和固定操作

小型拖拉机横向装载时可使其装载量增加，但装载时也应注意集中负荷的问题，故箱底要进行衬垫，以分散其负荷，并要用方形木条、木楔以及钢丝绳等进行固定。

任务巩固

分组走访几家当地外贸仓储企业或货代企业，了解并收集各家货代和船公司对装箱理货的特殊要求。

参 考 文 献

[1] 钱芝网．仓储管理实务情景实训[M]．北京：电子工业出版社，2009．

[2] 郑文岭．企业物流实训[M]．北京：中国劳动社会保障出版社，2006．

[3] 李守斌．配送作业实务[M]．2 版．北京：机械工业出版社，2011．

[4] 孙明贺，李洪奎．仓储管理[M]．2 版．北京：机械工业出版社，2013．

[5] 梁军，秦华容．仓储管理实务[M]．北京：高等教育出版社，2009．

[6] 田源，周建勤．物流运作实务[M]．北京：清华大学出版社，北京交通大学出版社，2004．